数智化供应链 ❶

场景化运用

物流供应链

十二大创新科技及实战案例

吕台欣　曾志宏　金勇◎著

中国经济出版社
CHINA ECONOMIC PUBLISHING HOUSE
·北京·

图书在版编目（CIP）数据

场景化运用：物流供应链十二大创新科技及实战案例／吕台欣，曾志宏，金勇著．—北京：中国经济出版社，2023.7

ISBN 978-7-5136-7353-2

Ⅰ.①场… Ⅱ.①吕… ②曾… ③金… Ⅲ.①物流管理-供应链管理-研究 Ⅳ.①F252

中国国家版本馆 CIP 数据核字（2023）第 107844 号

责任编辑　夏军城
责任印制　马小宾
封面设计　任燕飞

出版发行　中国经济出版社
印 刷 者　河北宝昌佳彩印刷有限公司
经 销 者　各地新华书店
开　　本　710mm×1000mm　1/16
印　　张　14.5
字　　数　193 千字
版　　次　2023 年 7 月第 1 版
印　　次　2023 年 7 月第 1 次
定　　价　68.00 元
广告经营许可证　京西工商广字第 8179 号

中国经济出版社　**网址** www.economyph.com　**社址** 北京市东城区安定门外大街 58 号　**邮编** 100011
本版图书如存在印装质量问题，请与本社销售中心联系调换（联系电话：010-57512564）

序 Preface

西门子供应链高管金勇和准时达首席技术官吕台欣、趋研信息联合创始人曾志宏合作撰写了《场景化运用：物流供应链十二大创新科技及实战案例》一书，并邀请我为其作序。我阅读了书稿后，非常乐于向业界人士推介这本研究书籍。

书中从当下物流与供应链头部企业的数智化实践出发，分别介绍了自动化/超自动化、物联网、大数据、人工智能、虚拟现实/增强现实、数字孪生、增强数据智能、区块链、边缘计算、信息安全和供应链可视化等数智化技术与产品，以及这些技术与产品在电子制造、冷链、时尚和汽车等行业供应链中的应用。

随着全球产业从工业文明的信息化时代向数字文明的网络化时代和数字化时代迈进，数据成为新的生产资料，算力成为新的生产力，算法成为新的生产关系，而三者融合递进迭代而形成的新运营方式推进了新范式变革。原有工业革命中延伸人类力量所带来的生产率革命转到了延伸人类思维/知识所带来的新生产率革命，主导资源配置优化的核心要素禀赋不断从传统的土地、劳动力、资本向创新和数据转移，物流供应链更是在数字化时代创新技术/产品与大数据、大模型（LLA）的结合中获得了超速发展，如亚马逊公司大规模应用 Kiva 类物流机器人后，建立了从“人找货”到“货找人”的智慧仓储模式的革命性变革；

Open AI 公司的 GPT 大模型接入第三方插件如 TMS 后实现的超高效车货匹配智慧运输等。

可以想见，在新技术、新装备和新范式等科技创新引领下，物流供应链未来的发展必将越来越迅猛。

清华大学互联网产业研究院副院长
中国产业发展研究院常务副院长
中国指挥与控制学会智慧物流与
供应链管理专委会主任委员
刘大成

目录
Contents

第一章　供应链变革及发展机遇

第一节　全球供应链的变革与不确定性

一、技术引领变革

对于欧美国家的普通消费者来说，每到圣诞折扣季，冲向各大商店进行大采购，是其一年一度的家庭盛事。美国市场每年销售近一亿棵圣诞树，其中81%是人造的，而85%的人造圣诞树需要从中国进口。围绕圣诞节，从圣诞树、圣诞帽、贺卡、彩带、装饰灯，到圣诞树下大大小小的礼物，它们并非来自圣诞老人的“故乡”芬兰的罗瓦涅米，而是来自中国义乌。这些商品被装入一个个四四方方的集装箱，经过1~2个月跨越数千或上万公里，送到全世界的消费者手中，满足了千千万万家庭的需求。

正是集装箱这一项科技发明，促进了全球供应链的蓬勃发展，让全球供应链的运输成本得到指数级下降。今天，全世界约90%的货物运输是通过海运完成的，这在一百年前是无法想象的。

让我们回顾一下20世纪50年代中期的情形，那时海上货物运输成本高昂、速度缓慢且低效。后虽有了先进的发动机和更大的货船，但港口装卸问题一直是难以突破的瓶颈。进口或出口贸易的一半费用都与港口相关，且不包括装卸效率低下导致的时间延迟与货物破损。就在此时，集装箱的发明人马尔科姆·麦克莱恩（Malcom McLean）出现了。马尔科姆·

麦克莱恩看到了美国的陆上运输拥堵不堪，海上运输具有极大的潜力。他开始思考把拖车开上船，用大卡车在距离目的地更近的港口将货物直接拉走。后来他有了更好的想法，直接把拖车的轮子卸下来，船的空间利用率会进一步提升。这便是集装箱运输的雏形。为此，麦克莱恩购买了邮轮“ideal-X 号”，并对它进行了改造，专门设计了装载集装箱的甲板；马尔科姆·麦克莱恩又购买了两台巨型起重机，并把它们改造成了可以起吊集装箱的设备；他还定做了一组自己设计的 33 英寸第一代标准集装箱，这些集装箱用钢铁制造，加装了防盗锁及加固的边角，可在不损坏边角的情况下进行堆叠且尺寸一致，能最大化地利用船体空间。这些设计一直沿用至今。此后，他用了两年时间说服了州际商务委员会的官员和海岸警卫队。1956 年 4 月 26 日，载着 58 个集装箱的“ideal-X 号”从新泽西州启航，前往得克萨斯州（见图 1-1）。这次航程结束时，马尔科姆·麦克莱恩计算出每吨货物的装船成本不到 16 美分，而散货装船的成本为每吨 5.83 美元，节约成本达 97%。装卸成本大幅下降，装车时效明显提升。ideal-X 号的首航成功让集装箱运输业蓬勃发展起来，促进了全球供应链的发展。

图 1-1　ideal-X 号

资料来源：https：//www.wired.com/2012/04/april-26-1956-the-container-ships-maiden-voyage/。

ideal-X 号的顺利启航，是全球供应链发展史上一个里程碑，开创了全球供应链发展的新纪元。近年来，随着各领域科技的快速发展，越来越多的科技项目正在改变着全球供应链的格局，引领着全球供应链的发展趋势。

二、不确定性冲击全球供应链

集装箱发明后，全球供应链得到了蓬勃发展。在过去的大半个世纪里，科技重塑了全球供应链。2019 年，全球通过集装箱运输的货物大约有 1.52 亿 TEU（二十英尺标准箱，1 英尺=0.3048 米），集装箱运输支撑了全球的贸易与经济发展。但是，稳定是供应链发展的关键，各种“黑天鹅”事件严重冲击着全球供应链的稳定。

1. 新型冠状病毒感染疫情之“黑天鹅”

全球新型冠状病毒感染疫情的突然出现，是全球供应链数十年发展过程中遭遇的最大一只“黑天鹅”。随着疫情在世界范围内快速蔓延，全球多个重要港口出现严重堵塞，难以保证货物顺畅流通。2020 年 11 月前后，仅洛杉矶港和长滩港，就有上万个集装箱被滞留，港口货运“接近完全瘫痪”。数据显示，最严重时，全球集装箱船平均在港停留时间达到 370 个小时，与疫情前相比延长了近 9 倍。2021 年 10 月 18 日，全美最大的港口洛杉矶港及长滩港附近等待靠岸和卸货的船只数量达到 100 艘，创下新的历史纪录；即使拜登政府下令延长工作时间“一周无休、24 小时连轴转”，情况仍在持续恶化；9 天后的 10 月 27 日，仍有 153 艘船挤在双港，其中有 74 艘在锚地或漂流区等待。全球港口拥堵，抵消了 300 多万 TEU 的运能，相当于全球 12.5%的运力，从而导致海运运费的飞涨。

集装箱原本应在全球不断循环流转。例如，一个集装箱从中国运到新加坡、欧洲、中东，再回到中国，完成对不同货物的转运。但是疫情打乱了这个“闭环”，欧美从中国进口的货物，受疫情影响，人力和配套设施短缺，导致集装箱无法正常流转。

基于上述原因，2020—2021 年集装箱的海运成本大幅上涨。从中国运送一个 40 英尺的集装箱到美国西海岸港口的平均价格，从 2020 年初的 1500 美元增长到 2021 年 9 月的 2 万多美元（平均价格包括溢价和附加费）。到 2021 年底，价格开始下降，但仍高达 1.5 万美元。

举例来说，以前把中国制造的沙发运到美国的运输成本为 50 美元，在疫情高峰期则超过 500 美元，货物的落地成本增加到了让人无法接受的程度。高昂的运输成本也推高了很多国家的通胀水平。此外，拥堵和延误使货物到达美国仓库的时间增加了一倍多，全球供应链整体运行效率受到前所未有的冲击。

2. 集装箱船搁浅之“黑天鹅”

2021 年 3 月 23 日，一艘名为“长赐号”的集装箱重型货船在苏伊士运河新航道搁浅，导致运河堵塞，并使 400 余艘各类大型船舶滞留运河约一周时间，这是苏伊士运河通航 150 年来最严重的拥堵事件（见图 1-2）。在埃及贯通苏伊士地峡，苏伊士运河连通了地中海与红海，提供了从欧洲至印度洋和西太平洋的最近航线。自从 1869 年该运河修筑通航后，一直是亚洲与非洲、欧洲货物往来的最主要通道，全球高达 13%的海运贸易和大约 10%的海上石油运输均取道苏伊士运河。每年有超过 2.3 万航次的船只通过苏伊士运河，运送的货物总量超过 14 亿吨。“长赐号”搁浅后，多艘挖掘机、拖船、挖泥船相继投入救援工作，花费了差不多 7 天的时间，才使“长赐号”起浮并使航道恢复至正常。

该事件直接导致数百艘货船的预定船期严重延迟，且迫使更多的船只选择绕行数千公里之外的好望角。据估计，因运河堵塞损失的贸易额大约为每天 90 亿美元，此次事件导致全球贸易总量的年增长率下降 0.2～0.4 个百分点。

图 1-2　在苏伊士运河搁浅的“长赐号”

资料来源：搜狐新闻。

3. 俄乌战争之“黑天鹅”

2022 年 2 月，俄乌战争正式打响，俄乌冲突使全球供应链雪上加霜，亚洲到中东及欧洲的海陆空交通运输受到严重影响。随着俄乌战争的持续，运输中断的情况时有发生。据船运跟踪机构的统计，敖德萨港口的关闭导致至少 22 艘油轮堵塞了刻赤海峡。刻赤海峡是连接黑海和亚速海的唯一通道，具有十分重要的战略地位，每年通过这一海峡的船只约有 9000 艘。报道称，希腊经营着全球多达四分之一的油轮船队，该国已经敦促船主将所有船只从靠近俄乌的黑海水域撤出，这一水域是一些关键大宗商品运输的“咽喉”。作为谷物、金属、石油等商品运往世界其他地区的重要通道，从乌克兰港口出发的海运几乎停止。在亚欧之间飞行的货运飞机通常需飞越俄罗斯和乌克兰的领空，为了安全起见只能绕行更长的航线。此外，据航班追踪服务公司 Flighttrader24 称，迄今已有英国、波兰和保加利亚等国禁止俄罗斯航空公司进入其领空。

冲突对很多行业的供应链产生了难以克服的影响，全球第二大钢铁制造商安赛乐米塔尔公司表示，船运中断影响了当地的钢铁业务，导致该公司的一家巨型工厂既无法补充原材料，也不能出口产品。此外，向钢铁行业出口铁矿石颗粒的大型出口商 Ferrexpo PLC 称，该公司无法将货物从另一个黑海港口皮夫登尼运出，导致奥地利、日本等国的全球钢铁制造商争相寻找铁矿石，但这并非易事。

汽车行业长期以来依赖全球供应链，是最先受到冲击的行业之一。欧洲最大的电线电缆制造商莱尼（Leoni AG）关闭了其在乌克兰的两家工厂，并将大约 7000 名员工从乌克兰撤离。随后，大众汽车公司表示，由于无法获得在乌克兰生产的电线系统，因此将不得不暂停德国东部茨维考和德累斯顿工厂的汽车生产。该公司还表示，在恢复生产之前，将不得不让 8000 多名工人暂时休假。

"乌克兰并不是我们供应链的核心，但我们突然发现，当某一'零件'缺失的时候，它就成了核心。"大众汽车公司的一位发言人说。据称，乌克兰有 22 家像莱尼这样来自外国的公司，它们经营着 38 家为汽车行业制造商品的工厂，包括生产线套、电子产品、汽车座椅和其他产品。

与此同时，俄乌战争冲击了一些"鲜为人知的商品"的供应链，如镍、钛、钯等稀有金属，包括半导体、汽车、航空等行业受到巨大冲击。例如，制造飞机和航空发动机需要钛，而钯可用于制造汽车排气系统、电极和电子产品，镍可用于制造不锈钢和电动汽车电池。自俄乌战争爆发以来，钯金的交易价格上涨超过 80%，镍和铜等金属的价格也一直飙升。为此，一些受其影响的汽车和飞机制造商开始接触替代供应商。

俄乌战争严重影响了全球农产品供应链。根据德国商业银行（Commerzbank AG）的数据，俄罗斯和乌克兰两国的小麦出口量约占全球的三分之一，玉米出口量占全球的 19%，而葵花籽油出口量占全球的 80%，其中大部分经黑海港口运往世界各地。在芝加哥交易的小麦期货价格已经飞涨到 2012 年以来的最高水平。粮食价格的飙升引起埃及和印度尼西亚等发展中国家的担忧，并可能产生严重的人道主义危机。据悉，埃及和土耳其

70%的小麦进口依赖俄乌两国。

伴随全球供应链的精细化分工与紧密联系，各种“黑天鹅”事件的影响被无限放大并对全球经济与供应链产生难以预见的影响。如何保障供应链的韧性与安全，而不是一味地追求供应链的成本最低，将成为未来很长时间内国家与企业思考的重点。

第二节　供应链的发展机遇及解决方案

一、供应链发展新机遇

在全球经济与供应链遭受诸多困难与挑战的同时，新的商业场景与商业机会悄然产生。

新型冠状病毒感染疫情的暴发极大地抑制了线下的消费需求，但是线上消费需求得以进一步释放，欧美消费者的消费习惯发生了重大改变，线上购物成为主流购物方式（见图 1-3）。

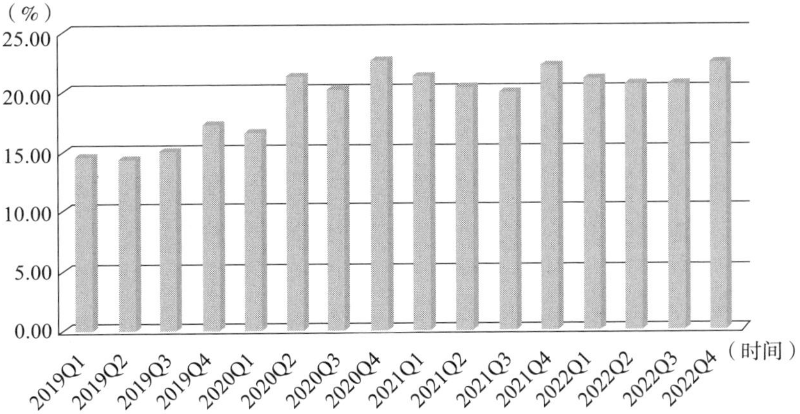

图 1-3　全美线上电商销售占整体零售比例

资料来源：美国商务部统计调查局。

从图 1-3 可以看出，自从新型冠状病毒感染疫情暴发以来，全美线上电子商务购物实现快速增长。一些国家的电子商务渗透率增长速度更快，如拉丁美洲一些国家，疫情出现前消费者几乎没有线上购物的习惯，因为疫情大量消费者开始线上购物。

自 2003 年起，以淘宝、京东、天猫为代表的互联网电子商务在国内兴起并快速发展，至今已经成为非常成熟的商业形态。在过去的 20 年时间里，中国已经培养了大批从事电子商务的行销/运营/供应链人才。强大的制造业能力、完备的供应链体系、整齐的电商人才队伍，叠加疫情的助推，促进了中国跨境电商业务在过去几年的高速发展。

2021 年 7 月，国务院办公厅发布的《关于加快发展外贸新业态新模式的意见》明确指出，跨境电商是当前发展速度最快、潜力最大、带动作用最强的外贸新业态。与“旧外贸”相比，以跨境电商 B2B/B2C 为代表的数字化“新外贸”正成为疫情发生以来增速最快的贸易方式。商务部对外贸易司相关人员指出，新的数字技术和数字工具正在推动外贸全流程各环节优化提升，“中国经验”“中国方案”已成为世界跨境电商发展的新样本。

“新外贸”“新”在数字化，基本模式为“跨境电商平台+大数据+算法+场景+跨境供应链”。企业通过跨境电商平台的线上流程接触各类型客户，依托大数据算法锁定客户、细分客户群、确定目标市场，通过线上询问确定意向订单。跨境电商与跨境物流在跨境供应链上达成交易和运输的共同意向，并促进物流、信息流、资金流和商流一体化，从而解决“履约难”的问题。

二、人才与创新解决方案

随着供应链的蓬勃发展，市场对供应链人才有了更大的需求及更高的要求。党的十九大报告指出，在建设现代化经济体系时，要在现代供应链等领域培育新增长点、形成新动能。21 世纪的商业竞争不再是企业与企业之间的竞争，而是供应链与供应链之间的竞争，供应链水平是一个国家竞争力的重要标志。随着供应链创新与应用上升为国家战略，未来市场对供应链管理人才的需求会进一步增加。供应链管理涵盖了企业运营管理的大部分环节，贯穿企业运作和管理整个过程，从前端的市场需求分析，到产品设计开发、供应商开发、供应商管理、质量管理、生产运作、国际贸易、仓储物流、售后服务，以及政策法规、信息技术和客户关系管理等，都是供应链管理范畴。因此，供应链管理对提升企业的竞争力至关重要。

但是，当前真正了解供应链整体流程，能够统筹规划全局的高端人才非常缺乏。优秀的供应链管理人才必须具备战略思维，熟悉供应链的各个细分领域及运作，具有较强的管理、沟通、执行能力。不仅具备扎实的经济学、管理学等理论功底，还要系统化地掌握供应链管理知识，具有较强的分析和解决问题能力，可通过流程优化和数据分析方法及工具，持续提升供应链运营效率。供应链管理人员还应深入了解供应链各环节的运作特点和关系，从端到端、全局系统理解供应链。

优秀的供应链管理人员还需要培养流程思维、数据思维和分析解决问题能力。无论是企业供应链还是产业供应链的优化设计，供应链管理人员都要确保流程管理的理念、方法、工具发挥重要作用，整理和优化整个供应链业务，更重要的是供应链管理人员要善于形成基于数据的分析思维和基于大数据的挖掘应用能力。

此外，鉴于外部环境的各种不确定性和各种意外事件频发，未来数字化将成为供应链应对各种不确定因素的重要手段。数字化可以实现全球供应链的可视化，保证供应链的安全和稳定。随着新技术的兴起，人工智能、语音大数据、传感器和物联网等为供应链的数字化转型和升级提供了机会和工具。

根据人力资源和社会保障部的数据，未来 5 年，我国对供应链管理人才的需求总量将达到 600 万左右。在新一轮科技革命和产业互联网快速发展大势下，供应链已成为企业的一项战略性资产，被称为“第四利润源”。企业之间的竞争将演化为供应链的竞争，有能力规划并构建数字化供应链的高端供应链管理人才，必将成为企业争夺的焦点。

第二章　颠覆供应链之关键技术

技术创新正对全球供应链产生颠覆式影响并创造出新的应用和商业模式。随着技术的不断发展和成熟，以及成本的不断降低，很多技术在未来的某一时间点很可能对全球供应链的运作和商业模式产生重大影响。在此，我们简要介绍在未来可能产生重要影响的一些创新技术。

人工智能技术（Artificial Intelligence，AI）

人工智能技术是近10年发展最为迅速的科学技术之一，已在很多领域得以创新应用。在供应链领域，通过自我学习自然语言，人工智能使很多供应链流程，如需求预测、生产计划或维修预测等实现自动化，并与人类的经验相结合，从而优化供应链决策。

举例来说，人工智能技术通过实时分析海量数据，找寻其中的规律，预测潜在的风险事件，提供优化方案，因而能够帮助企业大幅地规避运营过程中的风险。人工智能技术可帮助物流供应链创造价值的场景包括：

运力规划。通过对物流数据的分析，AI可以优化运力规划，提高运营效率。

智能仓储。通过对仓库的智能管理，AI可以帮助企业实现自动化存储、分配和拣选货物，提高仓储效率。

路径规划。通过分析物流数据，AI可以帮助企业优化运输路径规划，提高物流运输效率。

质量控制。通过对货物的生产/运输/仓储过程进行监测，AI可以帮助企业识别质量问题，避免因为质量问题造成损失。

预测分析。通过对海量数据的分析，AI可以帮助企业预测未来需求并做出合理规划。

总的来说，人工智能技术可以使物流供应链更加高效、可靠，进而提高客户满意度。

物联网技术（IoT）

物联网技术是指在实体嵌入带有感应能力及可与外部联网互通信息的芯片模组，实时感知物体的变化，且与外部进行交互，甚至组成可相互沟通的网络。

物联网技术对物流供应链有着重要影响，它可以帮助企业提高物流效率、降低成本、提高客户满意度。通过对物流运输设备、仓库和货物进行连接和监测，物联网可以帮助企业实时跟踪货物的位置和状态，提高物流运输的透明度和可靠性。同时，物联网还可以帮助企业预测物流需求和规划运力，降低库存成本，并通过数据分析和智能决策帮助企业提高物流效率。物联网技术可在以下场景为物流供应链创造价值。

实时物流追踪。通过在物流设备、仓库和货物上安装传感器，物联网技术可以帮助企业实时跟踪货物的位置和状态，提高物流运输的透明度。

智能仓储。通过对仓库进行智能化管理，物联网技术可以帮助企业实现自动化存储、分配和检索，提高仓储效率。

质量监测。通过对货物进行实时监测，物联网技术可以帮助企业识别质量问题，避免因为品质问题造成损失。对于一些易受环境影响的货物，如食品、药品等，物联网技术可以帮助企业监测其质量状况，确保货物质量。

总的来说，物联网技术可以帮助企业实现更高效、更可靠、更环保的物流运输。物联网技术在强化物流管理，改进客户服务，以及改进供应链有效性等方面具有巨大的潜力及应用前景。

自主事物（Autonomous Things）

自主事物泛指使用“系统+人工智能”技术自动化运营机器设备，包括仓储ASRS、无人车、无人配送、无人机等。自动化技术可以帮助物流企业提高效率、减少错误率、降低成本、提高安全性和增强竞争力。自动化技术的应用使物流运营变得更加高效，减少了人为操作的误差，且可以降低人力成本。此外，自动化系统可以通过监控物流运营状况来保障运输安全性。可以提高服务质量，增强客户满意度，从而提升物流企业的竞争力。举例来说，以“无人机+摄像头”进行远程货物盘点已经变得可行。自动化技术在以下场景可为物流供应链创造价值。

提高效率。自动化技术可以帮助企业解决人力不足、效率低下的问题，提高生产效率。

减少错误率。自动化技术通过程序化操作减少人为操作的误差，有助于提高物流运营的准确性和可靠性。

降低成本。自动化技术不仅可以降低企业人力成本，还可以通过提高效率降低运营成本。

提高安全性。通过监控物流运营状况，自动化技术可以预防安全事故，保障物流运营的安全。

增强竞争力。自动化技术有助于企业提高服务质量，提升客户满意度，增强竞争力。

自动化技术对物流供应链具有重要意义，企业应该重视自动化技术的应用，保障物流运营的高效性和可靠性，降低成本、提升效率。总的来说，自动化技术的应用将使物流供应链更加高效、可靠，且能够提高客户满意度。

机器人流程自动化（Robotic Process Automation，RPA）

机器人流程自动化是近年应用最为广泛的技术之一。机器人流程自动化工具对业务流程用软件机器人可读懂的语言进行描述，使软件机器人可以模拟人类进行重复性操作，从而大幅度降低成本，提高流程效率且避免输入错误。随着机器人流程引入某些供应链的重要节点，如采购/销售订单的下达等，使工作效率得到大幅度提升。机器人自动化流程技术，可以使很多重复性高、价值低的业务流程实现自动化。RPA 在以下场景可为物流供应链带来价值。

提高效率。通过自动化重复性、低价值的业务流程，RPA 可以帮助企业提高业务效率。

改进数据质量。RPA 可以帮助企业自动检查和校验数据，提高数据质量。

减少人为错误。通过自动化业务流程，RPA 可以减少人为错误，提高业务质量。

改善客户体验。RPA 可以帮助企业更快地处理客户请求，改善客户体验。

总体而言，流程机器人能够减少人的介入，大幅度提升供应链很多重复性人工操作节点的效率与品质。

数字供应链孪生（Digital Supply Chain Twin）

数字供应链孪生是整个或部分供应链环节（包括产品、客户、市场、仓库、工程、财务，甚至是外部属性如交通、天气等）实体端到端的数字化呈现。通过数字孪生技术使数字与实体世界更紧密地连接，企业可以通过数字虚拟技术更好地了解供应链运行的情况与规律，并以此优化供应链操作，及时对变化做出反应。数字孪生技术可在以下场景为物流供应链创造价值。

提高供应链可视性。数字孪生技术可以创建模拟物流供应链的数字版本，帮助企业更好地了解供应链中的货物流动状态。

提高预测能力。数字孪生技术可帮助企业对未来的物流需求和货物状态进行预测，提高预测能力。

改进设备维护。数字孪生技术可帮助企业识别设备故障，及时发现问题，降低设备维护的整体成本及对生产的影响。

提高资产管理效率。数字孪生技术帮助企业对资产进行数字化管理，提高资产管理效率。

支持远程监控。数字孪生技术可以帮助企业远程监控物流状态，提高监控效率。

沉浸式体验（Immersive Experience）

沉浸式体验技术包括增强现实 AR（Augmented Reality）、虚拟现实 VR（Virtual Reality）等技术。这些技术正在改变人们与数字世界的互动方式。在供应链领域，沉浸式体验技术可创造出更多全新的数字商业机会，对全球供应链产生深远影响。

虚拟现实技术可以帮助企业模拟物流流程、评估路线，并验证设计方案。此外，虚拟现实技术还可以提供训练和演练平台，帮助员工提高技能。增强现实技术可以在现实环境中提供虚拟信息来指导操作，提高物流运营的效率，减少人工干预，降低错误率。此外，增强现实技术还可以帮助企业监控物流状态，并对物流过程进行实时追踪。增强与虚拟现实技术（AR/VR）可在以下场景为物流供应链创造价值。

提高效率。帮助员工更快、更准确地完成各项任务，提高工作效率。

提供安全指导。帮助员工提高安全意识，并为员工提供安全指导。

提高灵活性。帮助员工随时随地掌握物流信息，提高工作灵活性。

增强协作能力。帮助团队进行远程协作，提高协作效率。

提高培训效率。虚拟现实技术可以创建模拟物流环境，帮助物流企业的员工更快地学习现代物流技能。

总的来说，虚拟现实与增强现实技术在物流供应链中有着非常多的应用场景且可以产生极大价值，包括可帮助企业提高效率、降低成本，并带来更好的客户体验等。

先进分析（Advanced Analytics）

先进分析包括预测分析及规范分析两大类技术。预测分析是通过对海量数据进行分析，来预测未来可能发生的事件。规范分析技术则是在预测分析的基础上，结合一定的规则与逻辑，找寻一系列应对行动方案以达到预定的目标。随着物联网功能的不断强化，以及越来越多可取得的外部数据（如城市的天气或者交通路况信息等），企业能够在很多领域，如供应链规划、采购以及运输管理等，进行现状分析以及应对方案制定。

预测分析技术对物流供应链产生了重要影响，它可以帮助企业了解未来的需求和供应情况，并做出相应的调整和决策，具体为预测市场需求、协调生产和运输计划、减少库存水平、降低成本、提高客户满意度等。总的来说，预测分析技术是确保物流供应链效率和效益的关键工具。预测分析技术可在以下场景为物流供应链创造价值。

预测市场需求。预测分析技术可帮助企业了解市场需求的趋势和变化，从而调整生产和供应计划。

协调生产和运输计划。企业可以凭借预测分析技术更好地进行生产和运输，以确保供应链的流畅。

减少库存水平。预测分析技术可以帮助企业降低库存水平，节约成本并降低风险。

降低成本。凭借预测分析技术企业可以更有效地利用资源，降低成本并增加效益。

提高客户满意度。凭借预测分析技术企业可以更好地了解客户需求，提升服务质量，提高客户满意度。

先进分析技术可以帮助企业更主动地管理供应链，避免潜在的供应链中断风险，提供更多更好的解决方案。

区块链（Blockchain in Supply Chain）

区块链技术能够提高物流供应链的信息透明度和数据可靠性，促进多方信任和合作。区块链技术可以记录物品的路径，从而提高追踪和跟踪能力，防止数据被篡改或遗失。此外，区块链技术支持自动化智能合约，实现更高效和更可靠的供应链管理。企业可以通过区块链及智能标签来追踪全球货物运输情况，并通过自动化信息传输，大幅度地减少在多个对象之间传递纸质文件的时间与成本，避免了纸质文件造假的可能。区块链技术在以下场景可为物流供应链创造价值。

提高信息透明度。区块链技术可以提高物流供应链中信息的透明度，提供可靠的数据以支持决策。

增强追踪和跟踪能力。区块链技术可以记录物品的完整路径，提高追踪和跟踪能力，以确保物品的安全和完整。

降低成本。通过自动化的智能合约，区块链技术可以降低物流供应链的人工成本，提高效率。

促进合作和信任。区块链技术提供公共的、不可篡改的数据存储，提高了数据安全性，促进了信任和合作，减少了交易风险。

目前，区块链在供应链可视化追踪、自动化、信息安全等领域，已经能够提供有效的解决方案。

第一节　自动化

一、自动化技术应用前景

在过去的 10 年里，物流自动化技术已经大大改变了全球物流供应链的运营方式。随着自动化技术的发展，物流流程变得更加高效、精确和可靠，节约了大量时间和成本。自动化技术广泛应用于物流的各个环节，使仓库管理、物流运输到配送都得到了显著改善。自动化技术已经取代了拣货、装箱、搬运等人工重复性劳动，机器人、AGV 和无人机等设备的运用，使物流过程不再依赖于人力和手工操作，大大提高了物流的速度和准确性。

自动化技术的应用，为物流管理提供了更加精细的数据分析和跟踪消息支持。物流自动化设备可以记录每个物流运作细节，包括物品的状态、位置和时间等。通过数据分析，企业可以了解整个供应链的状况并做出相应决策，根据实时数据分析结果调整物流路线、优化仓库布局、提高物流运作效率，从而提高整个供应链效率。

企业可以通过物流自动化设备实现快速配送，随时随地跟踪物流运作的状态，获得实时更新的信息，进而改进服务提高客户满意度，促进企业的发展。

2012 年，亚马逊推出了一款名为 Kiva 的机器人，用于自动化仓库操作。Kiva 机器人能够高效运输货物，省去拣货、包装和运输的人工成本。Kiva 机器人在仓库内行驶时，可以通过地图和传感器等技术感知周围环境，避开其他机器人和障碍物，并准确地将货物运送到指定的地点。在 Kiva 机器人的帮助下，亚马逊仓库的工作效率得到了大幅提高，仓库处理货物速度提高了四倍，仓库的储存能力得到了显著提高。自动化仓库系统已成为亚马逊的标配，广泛应用于其全球物流中心。

亚马逊自动化仓库系统是自动化技术在物流供应链领域应用的最好例证，大幅提高了物流效率和准确性，节省了时间和成本，并提高了服务质量。

过去 10 年，物流供应链自动化应用市场增长强劲。根据市场研究公司 Mordor Intelligence 的数据，全球物流自动化应用市场年复合增长率为 12.30%，预计到 2030 年，市场规模将达到 1232 亿美元。

物流供应链自动化，以先进的自动化技术替代手动操作，以减少人为错误和重复性劳动。随着劳动力成本的不断上升，物流自动化发展趋势日渐明显。自动化的目的是减少重复性劳动。尽管自动化技术优势明显，但 BCI 的研究却发现，近 63%的企业并没有使用自动化技术来提高供应链效率。

二、供应链自动化的价值

随着市场运营日益复杂化，越来越多的企业开始在供应链各个环节采用自动化技术。那么，供应链管理者应如何正确运用自动化技术，发挥其优势，提高供应链的效率和准确性？

1. 更好的服务

一旦客户订购了商品，商品的交付供应链旅程就开始了。然而，现实中订单的处理时效常常难以达到客户的预期。当企业收到订单，第一步需要找到商品，将其取出并移动到发货地点，通常过程烦琐，实际上可以通过自动化方案进行优化。例如，拣货和打包机器人可以快速穿过仓库找到商品。

除了拣货和包装，供应链自动化设备还可以在其他方面为客户服务。例如，当企业收到订单时，相关自动化设备可自动触发履约流程，持续不断地向客户提供有关包裹目前在哪里、何时到达，以及更新客户需要的其他信息。我们在京东 App 上看到的某商品的物流状态，其背后就是自动化机器与程序互相协作的结果。

2. 保护供应链

意外总是不可预测，突然出现的问题可能会破坏整个供应链。

企业要减少意外带来的损失，就需要持续提高供应链的反应速度。供应链自动化可让供应链系统对突发事件做出快速反应。

3. 优化订单履约效率

仓库是供应链的核心环节，对货物的整体流动非常关键。许多中小型企业物流运输管理方式落后，如果企业合理利用自动化技术，即可达到较高水平。企业苦于追求的最佳包装装载方式、规划最有效路线、及时向客户报告运输状态以及将合适的卡车司机与货物相匹配，实际上供应链自动化即可实现这一切。研究表明，近25%的供应链专业人员将交付成本列为首要问题，而供应链自动化就能简化整个物流过程，降低物流成本。

总之，自动化技术的运用可带来以下重大价值。

- 相比于传统供应链，自动化后的供应链总体成本通常下降15%。
- 最近的一份报告显示，65%的电子商务运营在履约过程中会利用自动化机器人。
- 自动化存储和检索系统可将订单处理的准确性提高99%以上。

三、供应链自动化的困难

尽管许多企业都在尝试拥抱供应链自动化，但仍有部分环节有待优化。

1. 复杂型任务

虽然小型机器人在仓储作业中发挥了重要作用，但还远不能取代人工。仓库机器人在导航和固定操作环节上可以做到高效准确，但缺乏灵活性，对于置于高处的商品，通常需要交由人工完成。员工可以根据周围的环境做出实时决策，而机器人无法灵活优化调整目标策略。当然，人工智能可以处理特定的工作流程，但仍缺乏处理人际关系、正确规划和快速判断的能力。

供应链自动化是提高作业效率的基础，企业仍然需要人性化管理才能保持竞争力。人工智能没有能力和客户真正交流甚至谈判，机器人也无法单独完成一个端到端的任务，更无法传递信心、关切或表达温情。在人力资源领域，机器人无法处理需要同理心的工作，企业总需要有鲜活的人来解决棘手的人际关系问题，而机器人离这还很遥远。

2. 投入成本

阻碍企业供应链自动化改造的重要原因是高昂的投入成本。一台工业机器人的平均成本可能要3万~8万美元。根据RobotWorx的说法，一旦添加特定应用程序的外围设备，机器人系统的成本会提高到每台10万~15万美元。这让很多企业犹豫不决，不知投入是否值得，能否在设备的生命周期内收回投资成本。

四、供应链自动化的发展趋势

随着供应链自动化技术的不断发展与创新，以下因素值得企业关注。

1. 自动化和劳动力短缺

随着电子商务持续快速发展，企业需在劳动力短缺的情况下保持运营效率与服务品质。越来越多的企业转向使用自动化设备以及机器人，以缓解劳动力短缺带来的压力。

2. 自动卡车运输

由于卡车司机的短缺，自动驾驶卡车逐渐进入企业视野。尽管这项技术目前仍不算成熟，且受到法规限制，短期内大规模市场化应用仍有较大困难。但自动驾驶技术可以提高驾驶员及车辆的安全性，通过传感器输送的数据和驾驶员的相关数据可供后台进行实时分析，帮助管理人员持续优化路线，及时处理各种异常情况。

3. 供应链流程自动化

企业可通过自动化相关技术对供应链的各环节流程进行优化，仓储、制造和运输等物流领域已引入物理机器人、自动存储、检索系统和自动引导车辆等自动化设备。供应链流程自动化，是指使用机器人流程自动化（RPA）、结合智能业务流程管理（BPM）、光学字符识别（OCR）、机器学习（ML）、深度学习（DL）和人工智能（AI）等技术和工具，自动化处理后台任务。这些技术可以跨平台工作，自动完成关键但耗时的规则化任务，可以大幅提高工作效率、减少差错、提升客户满意度。目前，在供应链端到端自动化方面，仍有很大开发潜力。为了让供应链富有弹性，企业需从软件和物理机器人两方面同步实现自动化。

五、供应链自动化与数字化

供应链自动化与数字化是供应链发展的重要方向，对企业供应链管理和运营将产生深远的影响。

供应链自动化通过技术工具实现供应链流程的自动化，可提高供应链的效率和效益。

数字化是将信息转换为数字形式，使其可存储、处理和分析。云计算、物联网和人工智能等数字化技术，是供应链自动化的基础，通过数据的收集和分析，可改善供应链的决策和操作。

供应链自动化和数字化关系密切，可以相互支持和促进。数字化使供应链自动化更加科学、高效和可靠。供应链自动化则为数字化提供了应用场景，可产生大量的数据供数字化统计与分析。

六、无人港口——洋山港

洋山港作为中国最重要的国际港口之一（见图 2-1），近年来，采用先进的自动化码头技术，运作实现全面自动化，效率不断提高、服务质量不断提升，偌大的港口鲜见人员往来，只看到机器高效协同，无人化成为其闪亮的标签。

洋山港自动化码头主要应用于集装箱、钢材、木材、煤炭、原油等物流装卸作业。例如，自动化码头能够实现对集装箱的快速装卸和存储，大大提高了港口的作业效率。此外，自动化码头还能实现对钢材、木材、煤炭、原油等物品的自动化装卸和存储，确保物品安全存储和快速提取。

图 2-1　洋山港全自动化码头

资料来源：中国港口集装箱网。

以集装箱运输为例，集装箱从准备离开货轮的那一刻起，10 台桥吊、40 台轨道吊、50 辆自动导引运输车（AGV）已经准备就绪。在电脑的控制下，桥吊将集装箱放置到中转平台。在中央控制室，操作员可监控整个流程。

由中转平台的门架小车将集装箱放置在智能 AGV 上方，当集装箱缓缓落下，箱子四角的锁扣与 AGV 自动导航卡车连接，整个过程耗时不到 2 分钟。AGV 配有智能控制系统，可以根据实时交通状况提供最优路线。除无人驾驶、自动导航、路径优化、主动避障功能外，AGV 小车还可以自主诊断故障、监控电量，是个工作、生活完全自理的"优秀员工"。

根据规划，洋山四期码头最终将配置 130 台智能 AGV、26 台桥吊和 120 台轨道吊。所有智能 AGV 都通过磁钉导航定位，按照预设的规划路径运作，整个码头铺设了 61483 枚磁钉。AGV 24 小时作业，采用整体换电方式。AGV 电量不足时，自动导向车系统（AGVS）将调度 AGV 小车自行到换电站更换电池，整个过程全自动作业。一台 AGV 小车更换电池只需 6 分钟，大容量锂电池可以让 AGV 小车在满电状态下持续运行 8 个小时。

洋山港自动化码头的作业效益提升明显。首先，大大提高了港口的生产效率，可以快速处理大批货物，为客户提供更优质的服务。其次，可以保证货物的安全存储和快速提取，预防货物损坏和丢失，大大提高了物流效率。

先进的 AGV 让码头前沿的水平运输实现了无人化，不仅显著降低了码头生产运营各个环节的人力资源成本，还将人为因素对稳定性与安全性的影响降到最低，码头作业从传统劳动密集型向自动化、智能化转变。

智能 AGV 让港口运营更绿色、高效，作业更安全、人性化。

七、智能仓库系统

电子商务正以每年约 20%的速度快速扩张。为了满足快速扩张的电子商务交付需求，仓储环节的优化与效率提升成为电商与物流企业的重要研究课题。因此，仓库机器人、自动拣选系统、仓库分析和仓库管理系统（WMS）被大量地使用，以提高仓库流程的效率和客户满意度。

根据 MHI（全美最大物流公司、供应链公司）和德勤（Deloitte，世界四大会计师事务所之一）共同发布的报告，全球有超过一半的受访者（51%）正在考虑或已经使用自动化设备和技术。报告还指出，仓库自动化是目前供应链中最受关注的领域之一。据国际机器人联合会（IFR）报告，中国是全球最大的工业机器人市场，各种自动化技术在中国得到了广泛应用。同时，德国、日本、韩国等国家都在仓储自动化方面进行巨额投资。

1. 智能仓库管理

智能仓储管理是通过各种技术，包括自动化技术、信息技术、物联网技术等，使仓储管理的各个环节实现自动化，以强化对货物的有效管理。通过整合自动化和网络技术，使自动化设备高效协作，以提高仓库的作业效率，同时减少人力成本和各种人为错误。

智能仓储管理系统包括仓储资源规划、仓储物流管理、仓储设备管理、仓储物资管理、仓储环境管理等，通过整合包括传感器、RFID 等技术，实现仓储货物的有效管理。

全自动化仓库（见图 2-2）基于高效、可靠的仓储管理体系，结合智能计算机和自动化设备，实现对物品的存储、取出和管理。常见操作流程如下。

入库。由扫描器自动收集物品的数量、尺寸、重量、分类等信息，并将这些信息传输至仓库管理系统。

存储。仓库管理系统根据物品信息自动分类和分配物品存储位置，并通过智能调度算法确定最佳存储方案。自动化设备如叉车或者货架升降机，将物品自动移至指定的位置，完成存储。

出库。仓储管理系统根据出库请求，检索存储位置，并通过自动化设备取出物品。整个过程既可以通过扫描物品的条形码或二维码完成，也可以通过操作系统进行控制。

图 2-2　智能仓库

资料来源：AI 机器人制作。

根据 Research and Markets 的报告，智能仓储技术及方案的市场价值将从 2021 年的 39 亿美元增长到 2027 年的 94 亿美元。随着商品与商业场景的复杂化，传统的人工仓库越来越难以满足客户的需求。

2. 智能仓库的特点

智能仓库运用多种网络仓储技术协同工作，形成了一个技术生态系统，具有以下特点。

▲运营敏捷

随着商业场景的快速变化，仓储运营要求复杂多变，智能仓库可以快速适应变化并满足运营需求。智能仓库管理系统基于运营需求，优化从货物存储到装运的所有环节。敏捷性是智能仓库的重要特征，所有系统都可与平台、销售系统和其他仓储功能兼容集成。

▲库存运营可见性

数据可视性已成为供应链管理优化的关键。客户和利益相关者希望使用智能仓储系统获取实时数据，随时可访问产品的位置。仓库作业越来越复杂，数据可视性不仅对保留客户数据至关重要，而且可为运营优化提供数据基础。

3. 智能仓库的核心要素

智能仓库管理系统由多个相互关联的硬件和软件组成，以下是智能仓库的核心要素。

▲仓储自动化设备

各种自动化设备大幅度提高了自动化仓库的工作效率并降低了人工成本，同时可提高订单运作的准确性。

仓库常见的自动化设备/机器人主要有以下几类。

自动仓储和检索系统（Automatic Storage and Retrieval System，ASRS）。自动仓储和检索系统是智能仓库最核心的部分，是一种高效的仓库自动化设备，ASRS使用计算机控制的机器人和自动货架系统来存储和拣取货物，主要用于高密度存储，可提高仓库的效率和减少人工操作。ASRS可以根据物品的尺寸、重量等信息自动进行分类，可确保每一种物品存储至适当的位置，从而提升仓库使用效率。

自动化物料搬运设备。使用机器人或自动导引运输车（Automated Guided Vehicle，AGV），实现仓库内的自动化货物搬运，可提高效率和减少人力。

自动化包装系统。这类系统可以自动完成货物的包装，保证包装的效率与品质。

自动化检查和扫描系统。这类系统可以自动检查和扫描货物，以确保数量和质量信息的准确性。

▲人工智能

人工智能技术在仓储管理的各种场景都发挥着极大的作用，具体如下。

提高效率。使用人工智能技术，如机器学习和计算机视觉技术可以提高仓储管理的效率。

降低成本。通过使用人工智能技术，可以降低人工成本。例如，通过机器学习技术下达整合优化过的拣货指令，可降低人工运作成本。

提高准确性。通过使用人工智能技术，可以提高仓储管理的准确性。例如，利用计算机视觉技术识别物品，可降低差错率。

改善客户体验。通过使用人工智能技术，可以提高订单运作的准确性和及时性，从而改善客户体验。

▲智能仓库管理系统（WMS）

WMS在智能仓库中起着非常重要的作用，是智能仓库的大脑。智能仓储管理系统的价值主要体现在以下几个方面。

提高仓库运作效率。智能仓库管理系统可以有效管理仓库的物流与运作流程，提高仓库的运作效率。例如，WMS可以帮助管理员更有效地规划存储空间，更好地组织货物的入库和拣选，从而减少拥堵和提高生产效率。

提高准确性。WMS 通过整合自动识别技术，如条形码和二维码，确保正确记录和管理仓库物品，有助于降低错误率、提高准确性，有助于提高客户满意度。

增加可见性。智能仓储管理系统可以提高可见性。例如，WMS 可帮助管理员实时跟踪货物的位置和状态，从而有助于其进行决策和规划。

▲机器人和无人机

无人机可以安全进入仓库偏僻或具有挑战性区域。无人机配备摄像头、传感器、RFID 或条形码扫描仪，可以全面高效地盘点。同时，机器人与员工合作可以执行费力或重复性工作，如物料搬运或装配等。

▲物联网

在智能仓库环境中，物联网有丰富的应用场景且能产生重要价值。

自动化收货和存储。物联网设备，如 RFID 扫描仪，可以在货物入库时自动读取标签，通知仓库管理系统收到了哪些物品及数量。WMS 则可以指示机器人将物品存放在仓库的合适位置。这简化了人工手动执行步骤，并降低了数据录入错误。

实时库存管理。通过物联网设备收集数据，可以帮助仓库管理者更精准地监测库存水平，确保库存可满足需求。物联网设备还可以帮助仓库管理者监控仓库内物品的存储位置与移动情况。

4. 智能仓库管理的 6 大优势

智能仓库使用自动化设备、协作移动机器人、自动拣选方法、仓库分析和智能仓库管理系统（WMS）等整合解决方案，提高了生产力、满足了客户需求。这些方案具有以下优势。

▲提升订单处理时效

在传统仓库中，订单处理通常需要花费很长时间。为了挑选订单中的商品，员工需要来回走动。若发生拣选错误还会导致订单延误，一般仓库的拣选错误率为1%~3%。

智能仓库几乎可以消除拣选差错。自动拣选方法和协作移动机器人减少了订单拣选时间，并使仓库工人免于来回奔波，这都有助于加快订单履约。在电子商务时代，更快的履约速度是至关重要的竞争优势。

▲最大限度地减少人为差错

人工拣选、包装和运输等环节，很容易产生差错。智能仓储系统通过自动化设备（物流机器人、自动存储系统等）进行拣货、装载、运输等操作，减少了人工操作，从而降低了操作环节中由于疲劳、精神状态不佳等因素导致的人为错误。此外，通过运用各种传感器和识别技术，可以对货物进行准确识别和检测，避免出错或遗漏。

▲提高仓库空间利用率

智能仓库可以更好地利用空间。例如，自动拣选和移动分拣设备及系统可以使用更高的货架和更窄的过道，增加货物存储数量，减少过道拥堵，从而大幅度降低仓库的运营成本，增强企业的竞争力。

▲降低仓储劳动力成本

劳动力成本平均占仓库运营成本的2/3以上，智能仓库提高了工作效率并减少对人工的需求，有助于削减仓储劳动力成本，增强了企业的竞争力。

▲加快订单的履约

智能仓储基于自动化拣货、出库等操作，大幅度提高了拣货效率和准确率。相比传统仓储作业，智能仓储大幅度减少人工失误和操作时间，提高了订单处理速度，提升了订单履约率。

▲改善客户服务

改善客户服务满意度至关重要。智能仓储解决方案能够使企业与客户更好地互动、适应客户不断变化的需求，提升客户满意度，强化客户的黏性。

5. 智能仓库管理系统实践价值

借助智能仓库管理系统，供应链决策者可充分利用自动化和智能仓库技术。

考虑仓库空间设计。为获得最佳效益，企业应最大限度地利用仓库的可用空间。仓库布局设计应以自动化设备的使用效率为前提，确保自动化投入有最大的产出。

智能仓库优化。电子商务对仓库的运营效率和服务要求越来越高，优化仓库布局、调整货位和库存，以跟上供应链的动态特性和消费者需求的变化至关重要。

需求预测。很多企业的商品销量呈周期性波动，对订单数据进行分析，可以帮助企业有效管理库存、减少损耗、节省存储费用，并提升客户满意度。基于此，企业可以选择何时进行促销等活动，或者停止销售不佳的产品，并根据既定方案合理安排库存水平。

案例：亚马逊在其全球仓库安装超 20 万台机器人

亚马逊曾展示一款麻雀（Sparrow）机器人，它可以抓取数百万个不同形状和大小的物品，可为仓储、运输和最后一公里配送做出贡献。亚马逊表示，“麻雀”借助计算机视觉和人工智能技术可在产品包装线前移动产品。视频显示，机器人手臂拿起一个棋盘游戏、一瓶维生素和一套床单，并灵巧地将它们分别放在包装箱中。

机器人手臂的吸盘使其能够牢牢抓住物品，之前的机器人手臂能够拾取盒子，盒子的形状通常是统一的。但是，亚马逊机器人公司首席产品经理杰森·梅辛格表示，“麻雀”能够处理不同形状和大小的物品。

自以 7.75 亿美元收购 Kiva Systems 以来，亚马逊稳步增加仓库机器人的数量。Kiva 已经发展成为亚马逊机器人公司，帮助亚马逊履约中心提高自动化程度，使其减少对一线工人的依赖。亚马逊表示，机器人手臂可以识别亚马逊65%的产品库存，亚马逊每年处理的50亿件包裹中，约有75%是由机器人处理。

亚马逊2022年宣布推出“第一个完全自主的移动机器人”，主要运用于仓库移动大型推车，该机器人名为Proteus。亚马逊表示，Proteus拥有“先进的安全、感知和导航技术”，可以安全地在人类员工周围工作。同时，亚马逊还宣布了其他几个机器人系统，其中一个叫作Cardinal的机器人手臂可以举起和移动重达50磅的包裹，亚马逊希望尽快将其投入使用。

亚马逊声称新机器人有助于提高工作安全性。他们正在研发一种机器人，该机器人可以将集装箱货物运送给工人，不需要工人弯腰或爬高。目前，亚马逊在其全球的仓库已经使用了超过20万台机器人，预计数量还会不断增加。

八、超自动化

超自动化（Hyper Automation）将企业所有可以自动化的事物进行自动化。企业利用人工智能（AI）、机器人流程自动化（RPA）及其他技术，让企业的业务流程在不需要人工干预的情况下顺利运行，从而达到简化流程、节约成本的目的。超自动化是一种“AI+RPA”技术组合，通过组织机器人流程自动化、低代码应用平台（LCAP）、人工智能、智能OCR、NLP、机器学习等技术，快速识别、审查和自动化尽可能多的操作流程。超自动化作为一个与不同应用程序连接的数字员工，分析和处理各系统的非结构化数据，做出决策，并不断探索改进流程。

Gartner的一项调查显示，85%的企业决策者计划在未来12个月内增加或维持其超自动化投资，超过56%的参与者已经有四个以上超自动化计划。根据Gartner的说法，“超自动化正在从一种选择品迅速转变为一种必需品”。

1. 机器人过程自动化和人工智能

超自动化作为供应链运营中一个崭新的“处理中心”，对从各种设备收集来的结构化或非结构化数据进行识别和分析，来自动化供应链的相关流程。随着各种数据的结合，AI 和 RPA 的结合可以创造更多的可能性。此外，它可以自动完成以前无法完成的任务。

RPA 软件既可以自动生成订单通知，也可以监控库存，降低服务成本，同时提高 40%~60% 的生产力。库存管理中，机器人可以监控库存短缺，低于需求水平时自动发出警报。RPA 机器人可以执行类似阅读特定格式的电子邮件来进行提醒/通知的操作，可以提取邮件数据、更新 ERP 系统的数据，且在信息更新后通知相关人员。

2. 认知数据分析

数据在智能连接的供应链网络中扮演着至关重要的角色。通过对结构化和非结构化数据的分析，AI 和 ML（机器学习）能够不断学习和分析这些数据、更新系统，使供应链变得更加顺畅和高效。

企业能够从上下游以及合作伙伴方获取大量的数据。对这些与商品和服务相关的数据进行有效分析，能够帮助企业提高运营效率和创新商业模式。由于顾客的购买行为不断发生变化，所以拥有持续的数据分析能力至关重要。这需要企业有效应用认知计算和预测分析等技术。通过实时数据获得新的见解有助于优化供应链决策，提前预测需求，以便更好地管理库存。

超自动化帮助企业持续降低人工运营的成本与风险。超自动化能够帮助企业节省大量的时间和成本，但这并不意味着超自动化可完全取代人工。

3. RPA 在物流供应链中的应用场景

▲发货计划和跟踪

基于“规则+RPA 技术”的整合，企业能够对大量的手工订单或发货计划进行实时处理。RPA 能够从电子邮件中提取订单与装运详情，并在系统中生成作业。RPA 还能够自动化与客户的互动，包括在客户的门户网站更新订单的处理状态，大大提高客户满意度。

▲发票处理和收款

软件机器人集成能力可以大幅度地简化工作流程。通过机器人与系统的集成，可以帮助大型企业包括第三方物流（3PL）承运商实现订单到现金流的端到端自动化。因此，RPA 有助于物流企业更快地获得回款。

▲订单处理

在处理运输和发票信息的过程中，必须进行大量的数据输入，这是很多企业员工的“噩梦”，但这正是流程机器人发挥价值的场所。流程机器人可以从承运人的网站上自动提取货件的号码，自动跟踪更新信息和处理发票信息等，仅在出现异常情况时才需要员工介入处理。

▲捕获、研究和关闭运输任务

与第三方承运商及其他供应商合作，在企业物流运输领域是很常见的业务场景，但是这需要多个系统进行追踪。使用流程机器人可以将成本降到最低，流程机器人可以自动扫描承运商的网站并捕获运单处理进度信息，且在订单处理完成后自动关闭运输任务。

▲有效主动沟通

通过电子邮件与客户进行及时沟通，是提升客户满意度的必要措施。RPA 可以自动发送通知告知客户订单的实时处理情况，包括延迟订单的信息。

▲库存管理与监控

库存监控与有效管理对所有企业都至关重要，以确保企业有效满足客户需求，但是很多企业的库存数据分散且凌乱。软件机器人可以从各种数据源中提取并整合数据，帮助企业优化库存管理。

▲快速开票

软件机器人可以简化烦琐且容易出错的任务，如剪切和粘贴数据并将数据（运输数据）附加到发票上。

▲订单跟踪

通过定期检查运营商网站来检索交付信息，对企业来说是一项非常烦琐的工作，但软件机器人能够高效完成。利用软件机器人将检索到的信息整合到系统的订单记录中，可实现订单跟踪并提高客户响应速度。

4. 全球超自动化软件市场

根据高德纳咨询公司（Gartner，Inc.）的数据，到2022年，超自动化技术的全球市场规模达到5966亿美元，比2020年的4816亿美元和2021年的5324亿美元有了大幅度增加。

自动获取文件技术，如签名验证工具、光学字符识别OCR、文档获取、会话AI和自然语言技术（NLT），将有巨大的市场需求。企业需要通过这类工具来进行数据的数字化和结构化，如纸质记录的数字化和分类。Gartner预计，到2024年，将超自动化技术与重新设计的运营流程相结合，企业的运营成本可降低30%。

第二节　物联网（IOT）

一、物联网的产生

在20世纪70年代，美国卡内基梅隆大学计算机系出现了一台自动可乐贩卖机。这种可乐贩卖机当时非常流行，但是程序员们却为此苦恼不已：经常是爬上了三楼，却发现一瓶可乐都没有了；更糟糕的是，刚装进机器的可乐还散发着热气，完全不是期望中的清凉冰爽。

1982年，三位程序员聚在一起决定解决这个问题。他们在可乐机里安装了微动开关，并将微动开关连接到计算机系里一台服务器上，服务器程序用来接收微动开关的状态更新。他们在服务器上还安装了一个查询接口，以便远程查看贩卖机中现有可乐的情况，这正是物联网系统的雏形。

“物联网”这个名词的产生，则受“消失的棕色唇膏”启发。20 世纪 90 年代初，物联网的发明者凯文·艾什顿刚接手英国伦敦宝洁化妆品系列产品的供应链管理。当他走入位于伦敦的宝洁化妆品店铺时，却发现他负责的棕色唇膏一直处于售罄的状态。但当他与店铺员工核实的时候，后者却告诉他库存依旧不少。

在 20 世纪 80—90 年代，零售商们已开始使用商品扫码系统，并认为该系统能够有效地管理库存。但是，扫码系统存在无法实时传递商品库存信息的致命缺陷。为了解决这一管理痛点，凯文·艾什顿提出在口红的包装中内置应用无线射频识别技术（RFID）的芯片，通过无线网络随时接收芯片传来的数据，零售商们就可以随时知道货架上有哪些商品，以便及时补货。上述想法促使凯文·艾什顿、麻省理工学院以及宝洁公司三方深入探讨这个新点子，并在麻省理工学院成立了自动识别（Auto-ID）中心，专门研究 RFID 技术。物联网（The Internet of Things）概念由此提出，凯文·艾什顿被称为“物联网之父”。

2005 年，国际电信联盟（ITU）在突尼斯举行的信息社会世界峰会上，正式确定了物联网概念，介绍了物联网特性、相关技术、面临的挑战和未来的市场机遇。尽管国际电信联盟没有给出物联网的统一定义，但是却提出了物联网的关键理念，即所有的人和物在任何时间、任何地点、任何状况，都能方便快捷地实现信息交互。这一理念引领了物联网的发展趋势。

物联网与互联网相似，也是连接计算机的网络，不同之处在于互联网关注的是手机/电脑等电子设备的连接，而物联网是将全世界的各种实体物品通过互联网进行连接（见图 2-3），包括厨房用具、恒温器、智能秤、电灯开关、自动驾驶汽车、工业设备甚至智能城市等各种器具设备。物联网通过传感器收集数据并传输到云端，系统在云端积累数据并进行分析。

图 2-3　物联网

资料来源：AI 生成。

二、物联网的技术框架

为了达成万物互联的目标，物联网包含四层技术框架的相关解决方案。由于物联网面对的场景与需求千差万别，因此演化出了很多不同的技术路线与解决方案。但是所有解决方案必须涵盖以下四层技术框架。

1. 感知层

感知层主要包括射频识别以及各类型传感设备，具体有各类信息传感器、红外感应器、摄像头、激光扫描器等。RFID 标签内存储可被无线射频信号感知的标准化信息，可通过无线数据通信网络自动采集，实现对物品的识别。各类传感设备用于感知收集周围环境的各种信息，包括温度、湿度、压力、地理定位、物体行为状态等。

2. 网络层

网络层负责传输信息，将感知层的各类传感设备收集到的信息传送到目的地。由于应用场景的需求差异，对功耗、传输距离、传输速度、安全性、连接节点数等有不同的要求。因此，网络层演化出了很多不同的技术规范，分为有线接入与无线接入两大领域。无线接入作为主要发展领域，基于接入距离的不同又区分为近距离、短距离、远距离通信三个技术场景。在此，仅对无线技术进行详细介绍（见表2-1）。

表2-1　无线技术场景描述

类别	名称	特征与描述
无线近距离	RFID	（1）非接触性射频识别，主要用来识别跟踪物体上的标签。 （2）数据传输距离跨度广，从0.1米到数百米都有。 （3）有主动式与被动式两大类。 （4）被动式不需要电源，由侦测设备发出射频，标签感应后予以回应，无能耗，成本低。但是可传输距离短，通常不超过几米。 （5）主动式需要自动电源，能够主动发出射频，成本高。但传输距离远，可达数百米
	NFC	（1）近场通信，同时具备标签识别和数据交换的功能。 （2）点对点（P2P）通信。 （3）传输距离很近，通常为0.1米。 （4）通常用于近距离物品识别和手机支付等业务场景
	Wi-Fi	（1）传输速率高，可达数百兆比特每秒（mb/s）。 （2）传输距离短，通常只能达到100~200米。 （3）网络延时低
	蓝牙	（1）传输效率中等，可达几兆比特每秒（mb/s）。 （2）传输距离短，通常在2~20米。 （3）连接设备少，通常为8个以下。 （4）电子设备最常见的近距离相互连接所使用的协议
无线短距离	ZigBee	（1）传输效率低，通常为100千比特每秒（kbps）。 （2）传输距离短，通常在10~100米。 （3）低能耗，低成本。 （4）可实现自组网模式，组网连接设备可达65000个。 （5）适用于数以千计的传感器之间相互协调通信

续表

类别	名称	特征与描述
无线远距离	GSM	（1）包括 GSM 1/2/3/4/5 代等技术。 （2）网络容量大，抗干扰能力强，安全性高，稳定性强。 （3）手机等设备所使用的，最常见的长距离通信协议
	NB-IoT	（1）传输距离长，可达 10 公里以上。 （2）功耗极低，通常为 uA 级别，电池寿命目标 5~10 年。 （3）传输速度中等，理论传输速率 160~250kbs。 （4）适用于低速率、高时延、低频次、弱移动性的业务应用场景
	LoRa	（1）传输距离长，城市约 1~2 公里，郊区可达 20 公里。 （2）功耗低，传输数据时约 10mA，休眠时约 200nA。 （3）适用于高性能、远距离、低功耗业务应用场景，具有大规模组网、测距和定位等突出特点

物联网设备端由于资源受限，如处理能力差、存储能力小、网络传输量小、网络不稳定等都是常见场景，因此在数据传输上有很多先天不足。基于改善面向物联网的服务，目前被广泛使用的是 MQTT（Message Queuing Telemetry Transport）和 CoAP（The Constrained Application Protocol）两种主流物联网通信协议。MQTT 协议是一种基于发布/订阅（publish/subscribe）模式的“轻量级”通信协议，该协议构建于 TCP/IP 协议上，由 IBM 于 1999 年发布，MQTT 最大优点是可用有限的带宽，为连接远程设备提供实时可靠的消息服务。由于是基于 TCP 的长连接，其通信协议较复杂，设备端要进行一定的计算，对设备端的功耗、计算、网络质量等有比较高的要求。

考虑物联网在很多场景，设备资源（CPU、内存、功耗、带宽、延时等）严重受限，使用 TCP 协议极其困难甚至不现实。为了使相关设备被有效接入，CoAP 协议应运而生了。CoAP 协议传输层基于 UDP 协议，基于请求/响应模式，支持可靠传输及数据重传等模式，也支持不可靠（发送即忘记，不需要确认）模式。设备端在完成数据发送后即可以进入休眠状态，低功耗是CoAP协议的最大特点，其更适合长时间远距离数据采集场合，如抄送电表、水表等。由于是基于UDP协议，其通信协议相对简单，对设备端的性能和资源要求低。

3. 平台层

物联网云平台是由物联网中间件这一概念演进而来。简单来说，物联网云平台是物联网平台与云计算的技术融合，是架设在IaaS层上的PaaS软件，通过联通感知层和应用层，向下连接、管理物联网的海量终端设备，归集并存储所感知的数据；向上提供应用开发的标准接口和共性工具模块，并提供云端API；应用层的各类应用可通过调用云端API将指令下发至设备端，实现远程控制。物联网云平台是物联网体系的中枢神经，负责协调整合海量设备、信息，构建高效、持续拓展的生态，是物联网产业的价值凝结。

4. 应用层

应用层是物联网体系的最终价值体现，其主要目的是将设备端收集的数据进行及时的分析与处理，从而给不同商业场景与企业提供智能服务。物联网涉及的领域众多，如电力、物流、环保、农业、工业、城市管理、家居生活等，但本质上物联网服务类型主要有以下4类。

监控型：如物流监控、污染监控等。

控制型：如智能交通、智能家居等。

扫描型：如手机钱包、高速公路不停车收费等。

查询型：如远程抄表、智能检索等。

数据是物联网系统的基石，物联网系统持续产生的数据量是巨大的。2019年连接设备数量突破100亿个，预计到2025年将达到300亿个。物联网每年产生的信息量更是惊人，根据Statista的数据，2021年全球物联网产生的数据量达到13.6ZB。

三、物联网如何改变供应链

物联网在供应链的各个环节都能产生很大价值，以下是物联网一些常见应用场景。

1. 农产品生产

物联网连接的传感器可以收集土壤湿度、化学应用、水坝水位和牲畜健康等信息，借助这些数据可以让农作物保持最佳状态。

2. 商品生产制造

物联网系统生成的数据可以解决企业以下常见管理问题。

- 提高运营效率。
- 减少制造中的停机时间。
- 提高资产利用率。

物联网系统通过生产设备上安装的各类传感器收集即时精确的数据，实时跟踪装配和生产过程中设备的状况以及运营时间，有助于企业识别生产过程中出现的问题并及时进行调整。此外，传感器可以检测并解决资源浪费问题，如识别能耗高的机器以便更换或修复。

物联网还能够实时监控机器的状况，及时发现异常并主动通知操作员进行维护。及时维护可以减少停机时间，从而提升效率并节省运营成本。

3. 物流运输

借助物联网，企业可以获得货物位置的实时数据，整合来自承运人、航空公司、海关、港口、气象卫星和普通卫星的各种实时信息并进行分析，提供更准确的货物交付时间。此外，当发生运输延迟或路线变化，物联网系统能够即时通知相关方，进行必要的干预或处理。

在运输过程中，RFID 标签之类的物联网传感器可以即时访问追踪包裹所在位置等信息，确保分销商可以轻松跟踪每件商品，预防包裹丢失，从而为整个交付流程带来更高的透明度。

特别是食品、花卉或药品等易腐货物——这些货物容易受到环境条件的影响。使用物联网传感器，可以实时检测存储条件，且及时预警。

4. 仓储管理

通过传感器，仓库可以实时跟踪货物库存位置、库存水平以及进出情况。

除此之外，物联网技术还可以与智能眼镜结合，以提高仓库的运营效率。物联网传感器提供货物的实时地图，而智能眼镜则实时显示订单拣选指令和货物精准位置的信息，可以优化拣选效率、提高拣选准确率并减少所需时间。

环境传感器有助于监控存储条件并维护易腐货物的安全。环境传感器实时监控湿度、压力、温度等存储条件。一旦某些指标超出要求，物联网系统会主动通知管理人员，甚至可以进行自动调整。

自主移动机器人（AMR）也是物联网的一种重要应用场景。通过传感器和摄像头，AMR 可以实时检测障碍物并绕过障碍物。此外，机器人能够实时分析所处环境并确保准确无误地执行动作。

5. 零售管理

物联网传感器能够优化货物的装卸过程，因为 RFID 标签能够实时提供包裹的必要信息，避免人工扫描条码等动作。此外，对于无人超市，消费者购物时只需要挑选购买的商品，不需要进行耗时且烦琐的结账动作，系统可自动从消费者的账户中扣除货款。

四、物联网对供应链的价值

物联网可以多种方式优化供应链。

最大限度地提高效率。通过利用物联网，制造商可以提高运营效率、减少停机时间并减少资源浪费。此外，制造商还可以从主动维护机器中获益，减少因意外故障造成的损失。

整合绿色战略。使用物联网、机器学习和大数据方法，企业可以控制用水量、环境污染。

提供产品位置的实时数据。经销商可以实时跟踪产品位置并准确计算货物交付时间。如果发生装运延迟或路线变化，相关方可以立即收到警报。

简化冷链管理。借助物联网传感器，物联网系统可立即检测出易腐货物储存条件的偏差，并及时通知分销商。

库存跟踪更加准确。借助物联网传感器，仓库可以实时跟踪和分析货物库存位置、库存水平及进出仓库的情况。

优化拣选。物联网技术与智能眼镜的结合提供了无缝衔接的工作流程。

仓储自动化。自主移动机器人、人工智能和物联网使构建全自动系统成为可能，无须人工参与即可完成库内货物运输。

加快货物装卸过程。借助 RFID 标签，相关人员可以即时访问包裹内容，从而提高拣货速度，加快货物装卸流程。

五、物联网给供应链带来的新挑战

物联网的应用前景听起来令人印象深刻且充满希望，但仍然有很多挑战需要克服，具体如下。

1. 信息安全性

针对物联网的各种信息攻击正在快速上升，而连接物联网系统的设备安全性能通常比较差，一旦出现安全漏洞难以及时修补。

2. 隐私防护级别低

物联网设备可能会收集和传输与供应链相关的敏感信息，但这些信息的安全难以得到有效的管理，且很多物联网系统在传输数据过程中缺乏加密防护。

3. 能源消耗

物联网设备通常需要长时间的连续工作，如果物联网设备的电池寿命不够长，那么维护物联网系统可能是一项耗时且耗资的任务。保持低能量通信和延长电池寿命是一个重要课题，特别是对拥有数万个小型设备的工业物联网系统尤为重要。

4. 专业人才短缺

目前，社会缺乏物联网系统构建、维护及物联网设备数据分析方面的专业人才，缺乏精通物联网技术的人才。

5. 信息量大

物联网系统会产生大量需要传输、存储和处理的数据，面对数百万 TB 数据的传输和存储，需要找寻更优的方法进行数据管理。

六、物联网在供应链中的应用

1. G7 易流

G7 易流是国内领先的公路货运物联网 SaaS 企业，其通过物联网技术整合了超过 290 万个车载物联网设备，日均跟踪超过 1.7 亿公里，服务超过 7 万家货主和物流公司。该企业以车辆大数据为基础，智能连接油品、路桥、保险、信贷、融资、租赁等优质合作伙伴，构建覆盖物流车队的一站式服务平台，并开拓发展了车队管理平台、主动安全服务、数字能源结算、智能挂车租赁、金融保险、卡车后市场等一系列业务。

2. DHL 物流

DHL 及其合作伙伴开发了一种定制的超薄传感器，用于整个厂房设施的跟踪，该传感器的功耗低，电池电量足以使用 15 年。此外，DHL 还采用智能供暖、通风和空调系统，根据天气状况、业务活动实时调整温度设定，降低了 40%的能源成本。

3. 马士基物流公司

马士基是全球最大的航运公司，占有全球 18%的集装箱运输市场。该公司建立了远程集装箱管理（RCM）系统，可监控 30 万个集装箱的存储情况。基于精确的温度湿度控制，RCM 提供了上佳的运输条件，降低了货物变质的概率。此外，对集装箱状况的全面了解使马士基很好地控制了集装箱抵达时检查的成本和时间。

4. Amazon Go 商店

Amazon Go 商店是借助物联网技术开通的下一代无人商店，顾客不用排队付款，通过其智能手机上的特殊应用程序进入商店，可直接取走他们想要的商品。传感器和摄像头网络跟踪消费者的所有动作及购买的商品，计算好商品金额后及时从消费者手机上的应用程序关联的银行账户扣除资金。基于物联网技术，可产生以下效果：更少的排队等待时间、更少的店员、更少的偷窃案件，以及更满意和快乐的客户。

第三节　大数据

一、大数据发展历程

大数据（见图 2-4）的蓬勃发展与全球信息化的快速推进有着密不可分的关系。从 20 世纪 90 年代末开始，金融业、电信业、零售业等率先实现核心交易数据电子化，随着信息技术的发展，越来越多的企业开始推进制造、财务等业务领域的信息化。随着数据的不断积累，企业开始思考对数据的高效使用，让数据产生更大的价值，于是兴起了数据挖掘等技术。所谓的数据挖掘，是指从大量数据中提炼隐含的、先前未知的有潜在价值的信息的过程。

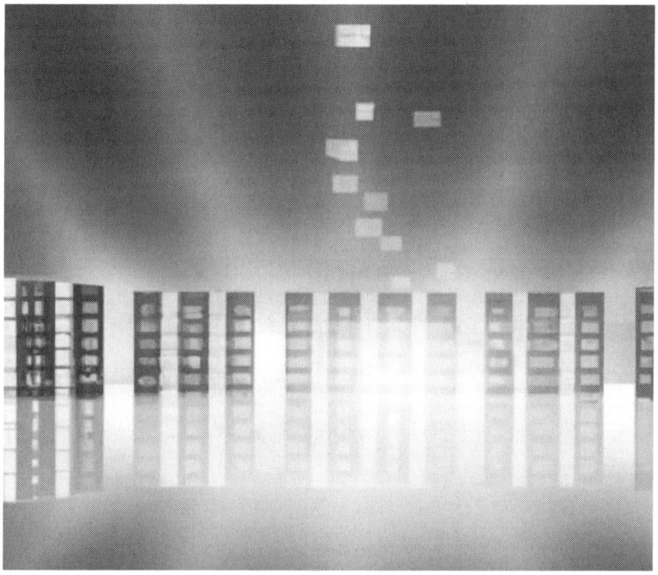

图 2-4 大数据图例

20 世纪 90 年代，沃尔玛超市的管理人员通过数据挖掘技术分析销售数据时，发现了一个令人费解的现象：在某些特定的情况下，“啤酒”与“纸尿裤”这两件看上去毫无关系的商品会经常出现在同一个消费者的购物篮中，这种独特的销售现象引起了管理人员的注意。

经过后续调查，管理人员发现，这种现象大多出现在年轻的父亲身上。在美国有婴儿的家庭中，一般是母亲在家中照看婴儿，年轻的父亲前去超市购物。年轻的父亲在购买纸尿裤的同时，往往会顺便为自己购买啤酒，从而使啤酒与纸尿裤这两件看上去毫不相干的商品经常会出现在同一个消费者的购物篮中。沃尔玛发现了这一独特的现象后，开始在卖场尝试将啤酒与纸尿裤摆放在同一区域，让年轻的父亲可以同时看到这两件商品，快速地完成购物；沃尔玛超市因为这一便利消费者购物的安排，获得了更多的销售收入。

1993 年，美国学者艾格拉沃（Agrawal）提出通过分析购物篮中的商品集合，找出商品之间关联关系的算法，并根据商品之间的关系，分析出客户的购买习惯。艾格拉沃从数学及计算机算法角度，提出了商品关联关系的计算方法——A prior算法。沃尔玛从 20 世纪 90 年代尝试将 A prior 算法引入 POS 机的数据分析中，并获得了成功。

2010 年以后，各式各样的数据积累越来越多，包括客户的浏览数据等日志型数据在企业中快速累积。随着移动互联网的兴起，声音/图片/视频等非结构化数据也越来越多。移动互联、社交网络、电子商务、物联网等技术及商业场景的发展与成熟，使得各种数据爆炸性增长。根据统计网站 Statista. com 的预测，到 2025 年全球数据量的总和将上升到 51ZB（见图 2-5）。

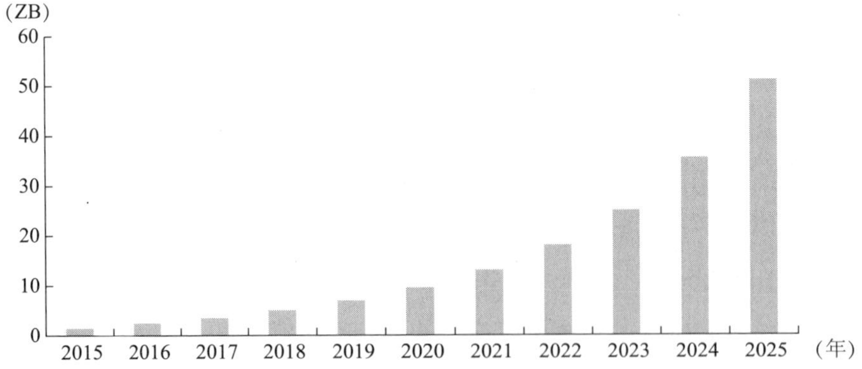

图 2-5　全球数据量

资料来源：Statista. com。

二、大数据技术平台的发展

随着数据的快速积累，以及对数据处理的时效要求越来越高，对数据的处理能力与时效逐渐成为企业应用数据的瓶颈。在 2000 年左右，企业的数据通常存储在如 Teradata 的大型单机里，价格高昂。随着数据的快速积累，数据仓库的扩容只能依靠增加存储硬盘以及 CPU，扩容成本过高，只有银行等大型企业才能进行这种类型的投入，极大地限制了大数据的应用与普及。

2006 年，谷歌公布两项研究成果《谷歌文件系统》和《基于集群的简单数据处理：MapReduce》，其核心技术包括分布式文件系统 GFS、分布式计算系统框架 MapReduce、分布式锁 Chubby，及分布式数据库 BigTable。分布式计算的理念是将计算从高成本的单机上分散到大量的低成本计算机服务器上，进行分散式存储与计算后再对结果进行整合。这使得传统指数级的数据仓库扩容成本降低至线性增长，也使得对海量数据的存储与计算成为可能。

受谷歌的研究成果启发，2004 年 7 月，Doug Cutting 和 Mike Cafarella 在 Nutch 中实现了类似 GFS 的功能，即 HDFS 的前身。2005 年 2 月，Mike Cafarella 在 Nutch 中实现了 MapReduce 的最初版本。到 2006 年，Hadoop 从 Nutch 中分离并成为开源的独立项目。Hadoop 的开源推动了大数据产业的蓬勃发展，带来了一场深刻的技术革命（见图 2-6）。

此后的数年，大数据相关技术不断发展，开源的做法让大数据生态逐渐形成，且有更多的技术持续不断地进入这个生态圈。由于 MapReduce 编程烦琐，Facebook 贡献了 Hive，其类 SQL 语法为数据分析、数据挖掘等应用场景提供了巨大帮助。第一个运营 Hadoop 的商业化公司 Cloudera 在 2008 年成立。

由于内存硬件已经突破成本限制，2014 年 Spark 逐渐替代 MapReduce，受到业界追捧。Spark 在内存运行程序上的运算速度比 MapReduce 快 100 倍，且运行方式更加适合机器学习任务。Spark 2009 年诞生于 UC Berkeley AMPLab，2010 年开源，并于 2013 年贡献到 Apache 基金会。

图 2-6　Hadoop 带来的大数据革命：服务器集群

资料来源：AI 生成。

Spark 和 MapReduce 都专注于离线计算，通常计算时间为几十分钟甚至更长时间，为批式处理程序。由于实时计算的需求越来越大，新时代的流式计算引擎开始出现，包括 Storm、Flink、Spark Streaming。

2010 年 2 月，肯尼斯·库克尔在《经济学人》上发表了长达 14 页的大数据专题报告《数据，无所不在的数据》。2012 年，牛津大学教授维克托·迈尔·舍恩伯格的著作《大数据时代》开始在全球风靡，大数据技术逐渐被大众所熟悉和使用。大数据存储和处理技术的发展同时带动了数据分析、机器学习产业的蓬勃发展，并促使更多新兴产业不断涌现。大数据技术作为基石，支撑了人工智能等新兴领域的蓬勃发展。

三、大数据技术平台 Hadoop

Hadoop 是一个能够对大量数据进行分布式处理的软件框架，用户可以轻松地在 Hadoop 上开发和运行处理海量数据。其底层能够以一种可靠、高效、可伸缩的方式进行数据处理。Hadoop 运行效率极高，因为它能以并行的方式工作，通过并行处理加快处理速度。此外，由于 Hadoop 是开源项目，任何程序员都可以免费使用且可改进功能。Hadoop 没有传统数据仓库那样高昂的软件授权成本，因此 Hadoop 一经推出就大受欢迎，并引领了大数据领域的发展潮流。

Hadoop 的核心组件是 HDFS（Hadoop Distributed File System）。HDFS 具有高容错性特点，且适合部署在低廉的（low-cost）硬件上；HDFS 提供高吞吐量（high throughput）的应用程序的数据访问，适合那些有超大数据集的应用程序，而支持海量平行计算的技术就是 MapReduce。HDFS 为海量的数据提供了高效存储能力，而 MapReduce 为海量的数据提供了高效计算能力。

Hadoop 的核心优点主要体现在以下几个方面。

高扩容能力（Scalable）。Hadoop 是在计算机集群间分配数据并完成计算任务，这些集群可方便地扩展到数以千计的节点。

成本低（Economical）。Hadoop 通过普通廉价计算器服务器组成服务器集群来分发及处理数据，使得硬件成本大幅下降。

高效率（Efficient）。通过并发数据处理，Hadoop 可以在节点之间动态并行地处理海量数据，使得数据处理速度得以大幅度提升。

高可靠性（Rellable）。能自动维护数据的多份复制，且在任务失败后自动地重新部署（redeploy）计算任务，Hadoop 的按位存储和处理数据的能力值得信赖。

四、大数据如何助力供应链管理

供应链管理的最终目标是确保供应链的正常运行并努力控制其成本。为此，准确预测趋势和进行中断可能性分析等，变得与供应链管理的任何环节一样有价值。供应链物流的大数据能够提供以下价值场景。

- 实时进行供应链绩效的分析与管理。
- 优化供应商的订单和对客户的履约。
- 实时优化路线及库存水平。
- 对客户偏好与需求的预测。
- 对设备的预测性维护。
- 识别扩大业务的机会。
- 识别隐藏的低效率流程/节点。

五、大数据和客户体验

供应链物流的核心目标之一是提供良好的客户体验。在电子商务时代，客户会有获得良好的在线服务体验预期。优质的供应链管理能力及其背后基于大数据的实时数据收集、分析与预测的能力，有助于确保每个客户获得良好的购物体验。

大量企业已经看到大数据的价值并将其纳入整体规划之中。像 Amazon、Dell 和 Tesla 这样的企业，不仅使用大数据为其采购零部件和其他业务提供服务，而且通过大数据的分析与预测能力检讨供应链中各种决策的得失，以进一步预测企业未来的走向。

自 20 世纪 80 年代以来，很多企业开始将物流等非核心业务外包，一些跨国制造业和服务企业将物流业务委托给第三方物流公司，且将第三方物流公司视为重要合作伙伴。

物流供应商在负责货物流动过程中，会收集/产生很多信息。由于全球定位系统效率的提高、传感器的应用和物联网的进步，物流和供应链大数据自动化的潜力已经出现。将货物本身的信息，如产地、目的地、尺寸、重量、价格、负载内容等，置入运输管理过程中，可以产生更大的价值。在物流领域，预测、运输、库存管理以及人力资源规划和管理都是至关重要的业务活动。通过使用大数据分析和商业智能技术，能够降低物流公司分拣和运营的成本，其他可能的应用场景还包括预测交货时间、了解客户行为、实时调度等。

六、大数据和供应链预测分析实践

1. 沃尔玛（Walmart）

沃尔玛是全球最大的零售商，在 28 个国家拥有超过 200 万名员工和 20000 家门店。沃尔玛很早就已经开始使用大数据进行客户分析。沃尔玛使用大数据挖掘客户需求并优化销售各环节。沃尔玛持续使用大数据技术优化顾客在沃尔玛商店的购物体验，并通过大数据重新设计全球网站，构建创新应用程序，为客户提供定制服务，提高物流效率。

2. 优步（Uber）

优步使用大数据分析哪些服务被广泛使用，并研究使用模式，决定如何优化服务。优步专注于让服务的供应和需求相匹配，对于优步来说，数据的最大用途之一是对服务实时定价。消费者在高峰时段需要服务，则必须支付双倍甚至更高的费用，优步通过机器学习算法来确定需求与价格间最合适的匹配关系。

3. 宝洁公司

宝洁公司（Procter&Gamble）是一家历史悠久的全球日用消费品公司，其产品几乎涵盖人们日常生活的各个方面。宝洁公司早已认识到大数据的潜力，并将其应用于全球各地的业务部门。宝洁公司通过大数据帮助管理人员实时了解供应链最新数据，并基于数据分析做出更智能实时的商业决策。

4. UPS

UPS 通过大数据不断优化“最后一公里”的配送效率。通常供应链的“最后一公里”配送效率低下，其成本高达包裹总交付成本的 28%。在送货过程中，送货员的手机定位系统将数据传输到后台，大数据系统则持续记录配送过程中的相关信息。通过对配送过程的分析，系统不断优化“最后一公里”的配送效率。

5. DHL

DHL在所有送货车辆上嵌入传感器，并基于支持全球定位系统的智能手机达到无死角覆盖。DHL基于上述技术研发了智能卡车系统，根据全球定位系统获取的各种数据来优化路线规划。远程信息处理数据库允许司机接收快速路线更新，避免因事故、天气等造成的运输拥堵。到目前为止，智能卡车已将总行驶里程减少了15%，有助于减少二氧化碳排放。

6. TIBA Spain

易腐烂物品的保鲜一直是物流企业面临的挑战，大数据和物联网可以帮助送货司机和企业管理者更好地防止货物腐败。他们在卡车内部安装了温度传感器，用于监控商品的状态，并将此数据连同交通数据一起提供给后台系统。如果运输时间过长可能导致易腐产品腐败，该系统则会及时提醒驾驶员并建议优化运输路线。

数据的价值在逐步体现，十年前的大数据如今看来根本不算什么；同样，今天的大数据若干年后也将不再被认为是大数据。更海量的数据存储、更及时的处理要求等在今天看起来是无法想象的场景与需求，若干年后这种情形可能会被颠覆。

第四节　人工智能

一、人工智能（AI）发展历程

人工智能（Artificial Intelligence，AI）（见图2-7）源自1956年位于美国汉诺威小镇宁静的达特茅斯学院，马文·明斯基（人工智能与认知学专家）、克劳德·香农（信息论的创始人）、艾伦·纽厄尔（计算机科学家）、赫伯特·西蒙（诺贝尔经济学奖得主）等几位科学家聚集在一起，讨论着一个主题——“用机器来模仿人类学习以及其他方面的智能”。讨论足足持续了两个月时间，虽然大家没有达成共识，但是与会者为会议讨论的内容起了一个名字——人工智能（见图 2-8）。因此，1956 年被确立为人工智能元年。

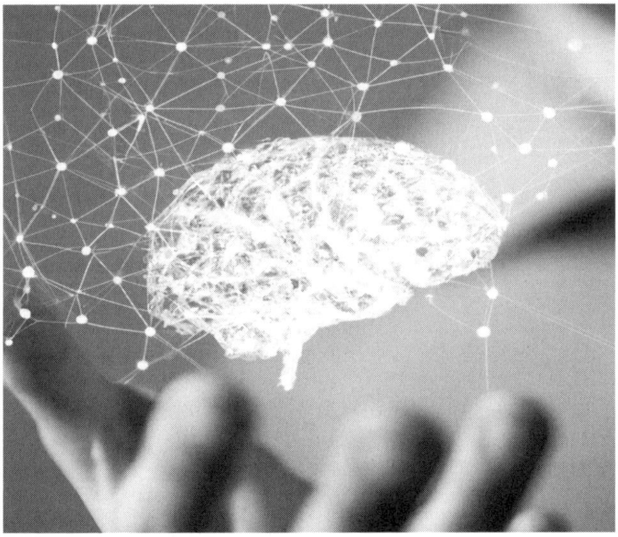

图 2-7 人工智能

资料来源：AI 生成。

1. 起步发展期（1956—1974 年）

人工智能学科诞生后，赫伯特·西蒙曾经乐观地预测 20 年内将会诞生完全智能的机器，虽然这并没有发生，但是却掀起了第一个人工智能的研究热潮。1963 年，美国国防部高级研究计划局（DARPA）给麻省理工学院、卡内基梅隆大学的人工智能研究组投入了 200 万美元的研究经费，这个项目是麻省理工学院计算机科学与人工智能实验室的前身，并由此培养了早期的计算机与人工智能科学人才。

图 2-8 第一届人工智能创始大会

资料来源：https：//www. cantorsparadise. com/the-birthplace-of-ai-9ab7d4e5fb00。

但此后，由于计算能力有限，而科学家的预测又过于乐观，导致研究结果与期望之间产生了巨大落差，人工智能研究进入低谷。

2. 反思发展期（1980—1987 年）

到了 1980 年，随着专家系统和人工神经网络技术的兴起，带来了第二波人工智能研究浪潮。所谓专家系统，即基于特定的规则来回答特定领域的问题的程序。1965 年，费根鲍姆（Edward Feigenbaum）等人在斯坦福大学研究出的第一个专家系统 DENDRAL 能够自动做决策，解决有机化学问题。因此，费根鲍姆被称为“专家系统之父”。1980 年，卡内基梅隆大学开发了 XCON 程序，这是一套基于规则开发的专家系统，用于帮助迪吉多公司的客户自动选择计算机组件，每年为该公司节省了 4000 万美元。

这一时期，深度学习的前身人工神经网络研究也取得了重要进展。1986 年，戴维·鲁梅哈特（David Rumelhart）、杰弗里·辛顿（Geoffrey Hinton）等人推广了由保罗·韦尔博斯（Paul Werbos）发明的反向传播算法（BP 算法），使大规模神经网络训练成为可能。反向传播算法的出现，使神经网络隐藏层可以学习到数据输入的有效表达，这是神经网络乃至深度学习的核心思想。

虽然受当时的计算机性能限制，人工智能未能实现工业级应用，但是这一时期的蓄力，为人工智能第三次研究高潮奠定了基础。

3. 蓬勃发展期（1990 年至今）

1989 年，YannLeCun 与 AT&T 贝尔实验室的其他研究人员将反向传播算法应用于多层神经网络，并在 1998 年提出了稳定可商业应用的卷积神经网络模型 LeNet-5，成为深层卷积神经网络模型的“Hello World”。1997 年赛普·霍克赖特和于尔根·施密德胡伯提出了 LSTM（长短期记忆）模型，用于识别手写笔迹。

2001 年，斯皮尔伯格拍摄的电影《人工智能》上映，这是一部具有里程碑意义的人工智能启蒙教材。人类第一次尝试面对可能具备与人类类似智能的人工智能，并由此探索人类自我意识，以及对人性及善恶等话题进行深刻反思。

2011 年，IBM 研发了能够使用自然语言回答问题的人工智能系统沃森（Watson），并让沃森参加美国综艺节目《危险边缘》，与两名冠军比赛，以此测试它的能力。这是《危险边缘》节目组有史以来第一次组织人与机器的正面对决。最后沃森打败了两位冠军，体现了人工智能对海量数据强大的收集与分析能力。

2016 年，由谷歌旗下的 DeepMind 团队研发的 AlphaGo 以 4：1 的成绩战胜了世界围棋冠军李世石，震惊了全世界。一年后，升级版的 AlphaGo-Master 与当时世界排名第一的棋手柯洁对决，最终连胜三盘。从业余棋手的水平到世界第一，AlphaGo 仅仅用了两年左右时间。后续推出的最终版本 AlphaZero 拥有更加强大的学习能力，只要给出简单规则，即可利用自我对抗方法迅速自学围棋，21 天就能达到胜过中国顶尖棋手柯洁的

AlphaGoMaster 的水平，并以 100：0 的成绩完胜前代 AlphaGo 版本。自此 AI 攻克了号称是“机器永远不可能突破的”围棋领域。

二、人工智能/机器学习/类神经网络

人工智能是计算机系统对人类智能过程的模拟。人工智能的具体应用包括专家系统、自然语言处理、语音识别和机器视觉。机器学习是人工智能的核心，是使计算机具有智能的根本途径，应用遍及人工智能的各个领域。

机器学习是一门多领域交叉学科，涉及概率论、统计学、逼近论、凸分析、算法复杂度理论等多门学科。机器学习最基本的做法是使用算法来解析数据、从中学习，然后对真实世界中新的事件做出预测和决策。与传统的为解决特定任务硬编码的软件程序不同，机器学习是用大量的数据来“训练”，通过各种算法从数据中学习建立规则。

机器学习按学习方法可分为以下三大类。

第一类是“无监督学习”。无监督学习基本对最终的结果没有明确的预期。无监督学习的训练数据集，通常只有特征（说明数据的属性），没有标签（对结果的期望）。无监督学习对最终的结果没有标准答案，模型尝试自动寻找规律，并将其分成各种类别，通常用于处理聚类问题。比如给定大量的动物图片，对模型进行训练后，由模型对这些照片进行分类。

第二类是“监督学习”。监督学习的目的是让模型通过学习具有标签（对结果的期望）的训练数据集，监督学习尝试找出输入数据集的各种特征和输出结果之间的关系，通过训练得到一个最优模型，然后使用模型对新的数据做出预测。监督学习所使用的训练数据必须有标签。比如给定大量的动物（猫和狗）的图片，明确标识哪些图片是猫，哪些图片是狗；对模型进行训练后，由模型尝试对新的图片进行预测，这是最简单标准的监督学习。

第三类是“强化学习”。强化学习是让计算机具备对没有学习过的问题做出正确解答的泛化能力，可以理解为无监督学习和监督学习的整合集成。强化学习所使用的数据集只有一部分被标识过（带着标签），大部分是没有被标识过的。强化学习通过试错的方式学习，建立激励与惩罚机制，并确定是否距离目标越来越近。AlphaGo 就是采用强化学习的机器学习模型。

强化学习是机器对人类学习机制的模仿，通过行为及其产生的结果的正负回馈机制来促进学习。不同学习框架下建立的学习模型不同。例如，卷积神经网络（Convolutional Neural Networks，CNNs）就是一种深度监督学习的机器学习模型，而深度置信网（Deep Belief Networks，DBNs）是一种无监督学习的机器学习模型。

人工神经网络（Artificial Neural Networks，ANNS）（见图 2-9）是机器学习最重要发展最迅猛的算法领域，是近年来人工智能得以迅猛发展的关键。神经网络受人类大脑的生理结构——互相交叉的神经元启发，最初是一个生物学概念，是由大脑神经元、触点、细胞等组成的网络，用于产生意识、帮助生物思考和行动。

20 世纪 80 年代以来，人们开始尝试利用工程技术模拟人脑神经系统的结构和功能，构建人工神经网络。人工神经网络通过非线性处理器模拟大脑神经元的连接，模拟突触之间的信号传输行为，构建计算节点之间的输入和输出。但与大脑中神经元可以连接一定距离内的任意神经元不同，人工神经网络具有离散的层、连接和数据传播方向。

人工神经网络有不同的形式，但是通常包括以下结构：输入层（Input Layer）、隐藏层（Hidden Layer）、输出层（Output Layer），通过信息在不同分层的流动，完成对信息的分析与加工处理（见图 2-10）。

常见的人工神经网络类型包括以下几种。

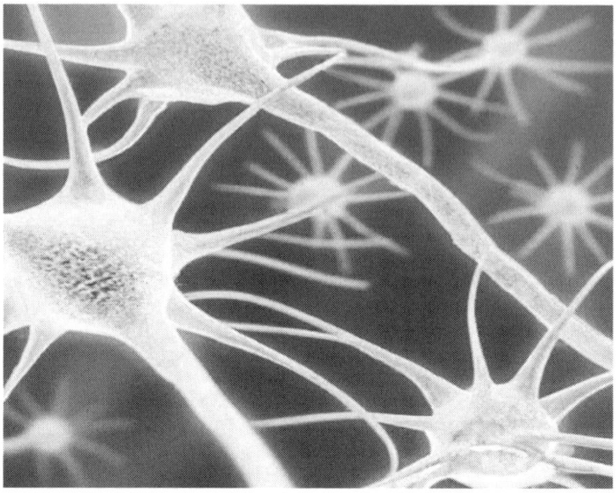

图 2-9　神经网络模型

资料来源：AI 生成。

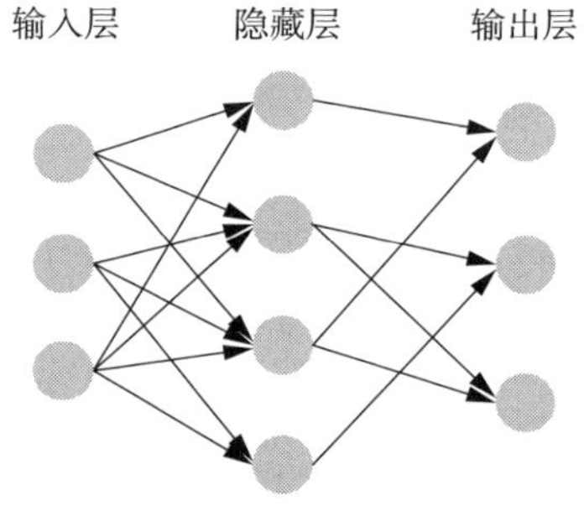

图 2-10　人工神经网络示意图

前馈神经网络（Feedforward Neural Network，FNN）。一种多层神经网络，其中每一层都有一定数量的神经元与前面一层的神经元相连。数据在输入层被输入，通过每一层神经元之间的连接，最终在输出层进行结果的输出。神经元之间的连接通过权重调整来影响算法的输出结果。同时，每一个神经元都具有自我学习能力，可以根据后续的训练数据自我调整权重和模型。

卷积神经网络（Convolutional Neural Network，CNN）。一种模拟生物大

脑神经元连接结构的深度学习模型，由多层神经元组成，通常用于处理图像和语音等复杂类型数据。

CNN 能够检测出图像分辨率的特征，同时具有不变性特征，从而可以更准确地识别图像。CNN 由卷积层与池化层组成，卷积层用于识别特征，而池化层用于缩小数据量并提取最具有代表性的特征组合。由于 CNN 特别适合识别图像的模式和特征，所以在执行图像分类和对象检测等任务时常使用。

递归神经网络（Recurrent Neural Network，RNN）。一种模拟生物大脑的循环连接的深度学习模型，主要用于处理序列数据，如文本、时间序列、语音序列等。它的最大优势在于能够捕获历史信息，并将其作为预测的依据。

RNN 为螺旋结构，分为输入层、隐藏层和输出层，而且隐藏层的每个节点之间有一定的联系。输入数据是一组序列，经过隐藏层节点处理后，得到相应的输出结果。RNN 对自然语言处理和语音识别非常有效。

自动编码器（Autoencoder）。一种特殊的人工神经网络，具有学习高效编码和复原数据的能力。它通过学习获得输入数据的编码，可以有效地捕捉数据的内在结构，从而进行数据压缩和完整性检查等操作。它的目标是尽可能准确地实现从输入空间到潜在空间的映射，以便准确复原原始输入。自动编码器可用于解决许多机器学习问题，如无监督学习、深度学习、智能视觉、自然语言处理、数据压缩等。

深度强化学习（Deep Reinforcement Learning，DRL）。一种强化学习模型，使用深度神经网络来模拟传统的强化学习算法。DRL 通过采用蒙特卡洛树搜索（MCTS）和数据分析来进行强化学习，以尝试解决更复杂的问题，如游戏环境中的机器人控制问题。它与传统的强化学习方法的不同之处在于使用神经网络来模拟状态和动作，而不是基于迭代强化学习框架。DRL 也可用于解决其他复杂的控制问题，如自动驾驶中的路口通行管理问题。

生成对抗网络（Generative Adversarial Network，GAN）。一种深度学习技术，由一个生成器和一个判别器组成。生成器尝试生成新的数据，而判别器尝试区分真实数据和生成的数据。GAN 的目的是让生成器学习真实数据的分布，并尝试生成与真实数据类似的数据。GAN 可应用于许多机器学习任务，如图像分类、图像生成、图像去模糊、图像恢复和视频生成等。

径向基函数网络（Radial Basis Function Network，RBFN）。一种深度学习技术，由一组局部隐藏神经元组成，每个神经元的激活函数都是基于"径向基"函数（RBF）。RBFN 是一种非常灵活的分类器，可以解决不同类型的问题，如分类、回归、识别、推理等。此外，它还可以处理大量未知变量问题，如计算机视觉和机器人感知等。它的优点是简单、快速、有效，并可以扩展到大型数据集。

选择使用什么类型人工神经网络，取决于问题的性质、需要处理的数据类型以及期望的结果。了解不同类型的人工神经网络及其优缺点非常重要，因为针对特定问题选择正确的人工神经网络类型，能够使训练出来的神经模型更为快速和准确地处理未知的数据。

三、人工智能在供应链中的应用

研究表明，人工智能和机器学习可以为供应链和物流运营带来前所未有的价值。在减少运营冗余、降低风险、推荐更优化的计划来增强供应链预测和快速交付能力、改善客户服务、提高生产力、提升生产质量、降低生产成本等方面都发挥了巨大作用。尤其是人工智能可对供应链进行实时监控与预测，帮助企业以正确的方式及时应对供应链运营中的巨大不确定性。

以下为人工智能在供应链中的可能应用场景。

1. 支持计划和调度活动

企业供应链管理面临的挑战增大，如市场的扩展、产品组合的拓展、复杂性以及客户需求的波动，都加大了供应链计划管理的难度。此外，意外事件、工厂停工或运输问题等各种突发情况，以及零部件的快速更替、淘汰，使得供应链计划管理日趋复杂，供应链上下游的不确定性和“牛鞭效应”日益加剧。

在供应链物流中实施人工智能，可以帮助企业预测风险，并提供针对性解决方案。此外，人工智能还能够分析计划的预期结果与实际执行结果的偏差，提出更为优化的替代方案。

2. 智能决策

AI 主导的供应链优化软件通过认知预测和最佳行动建议，可辅助企业做出正确决策，有助于提高供应链的整体绩效。借此制造商可从时间、成本和收入等角度了解各种方案的影响，进而不断改进优化方案。

3. 实时库存管理与优化

供应链管理的最大挑战之一是保持最佳库存水平。缺货会引发生产线中断或销售断货等严重后果；相反，库存过多则会导致存储成本过高，甚至会招致资产减值损失。人工智能基于各种实时信息数据做出产品销量与生命周期预测，可提供科学的库存水平建议。

4. 提高运营效率

物联网传感器为企业监控和管理供应链提供了信息源，企业有能力实时收集货物在流转过程中的各种数据。通过整合人工智能的数据处理能力和数据分析能力，企业有能力了解供应链的实时情况，进而能够对潜在问题进行即时预警与处理。

5. 提高车队管理水平

车队运输管理是供应链管理的一个常见挑战。车队是货物流动过程中的重要载体，随着燃料成本的持续上升和劳动力短缺，车队管理人员面临较大的成本压力。人工智能可进行实时跟踪，并通过对交通路况的实时分析，提供最优的运输方式与路线，有助于减少车队计划外等待时间、优化燃油效率，帮助车队降低运营成本和提升服务品质。

四、如何为供应链智能化做准备

企业实施供应链智能化改造之前，需要评估自身的数字化水平并设定合理的目标，通常包括以下三个步骤。

1. 设定目标期望

之前必须进行自我测试，即召集利益相关者，提出问题，审查实施环节和预期目标，包括量化短期、长期期望，并对预计的实施成本（包括技术成本）进行权衡；评估成本时需要考虑生产临时中断的影响，以及安装、开发和培训的人工成本。

在这个阶段，企业需要建立新的关键绩效指标（KPI）验证将人工智能集成到供应链的效益，这与企业的经营目标相关。数字化转型不会凭空发生——整个流程都需要改变，而这会产生成本。对于人工智能的投资回报率，企业应重点关注长期效益与价值回报，人工智能对供应链管理的本质贡献是累积的，企业需要做好短期内做出一定牺牲的心理准备，以建立长期优势。

2. 了解企业的技术状况

除了从运营角度梳理企业对供应链人工智能化的期望，确定好目标外，企业还需要评估企业的技术准备情况。评估应侧重于三个方面：人员、技能和工具。

在评估过程中，引入外来专家很有帮助，同时需要培训现有员工，确保员工了解人工智能方案实施前后的职责和流程变化。此外，还需要检查企业的现有技术储备，并与利益相关者讨论其优势和不足。系统的整合程度是衡量技术准备的一个关键指标，因而企业需要了解各种系统的协同情况。

3. 深入了解数据

数据是人工智能工程的“燃料”，企业需要通过数据来优化人工智能模型。在企业中，随时都有大量的数据被生成、存储和遗忘。对于大部分企业来说，挑战不是数据本身，而是如何定位、整合和分析现有数据。信息技术、运营技术及部门目标的差异，导致各方对数据的看法不同。对一个部门非常有价值的信息也许对另一个部门却可有可无，团队之间缺乏互动会使数据的整合面临极大的困难。企业数字化转型迫使企业各个职能部门克服信息孤岛，甚至要进行流程重组，以便加速后续的数据整合与人工智能应用。

在实施人工智能工程时，为了使企业运营经济高效，减少前期投入，以及避免潜在的风险，企业可考虑引入外部优质供应商。相比依靠企业自身力量组建团队并构建新平台，这种策略有助于企业更快更敏捷地实施人工智能工程，并尽快取得成效。

传统企业的内部信息系统专注的是订单与货物的管理，无法满足人工智能对于数据分析的需求。人工智能系统可以更好更快地进行数据整合、存储、处理、分析和可视化等工作。

作为行业运作的一个成功案例，人工智能在农业领域已有丰富的应用场景。智能图像处理技术使种植者能够及早识别害虫、杂草和植物疾病，从而保护作物的健康；预测分析工具使人们能够了解环境因素如何影响作物产量；实时土壤监测可帮助人们调整水位以优化作物生长。企业可以通过 AI 解决方案取得类似的实时和预测效益。

五、智能化供应链的应用

Gramener 使用定制的 AI&ML 解决方案，帮助供应链运营效率提高了30%。其数据和分析应用程序使物流企业运营水平得以提高，并建立起强大的仓储和配送网络。

一家德国制造业公司通过识别分析投资机会和进行数据成熟度评估，建立了与业务目标一致的数据路线图，节省了3000万美元成本。此外，其还为一家制药公司开发了药品生产过程的数字复制品，节省了600万美元成本，同时使客户能够更好地控制生产过程，并通过数据挖掘技术提高可操作性，以便对生产工艺进行实时调整。

Quantum 的 Power TOS 智能优化方案，主要基于 AI 赋能运输管理系统，包括车辆路径优化、需求预测优化、装箱优化、库存及网络优化等。针对货运行业业务需求波动大、客户要求高、路况复杂多变、调度工作繁杂、成本挑战大等特点，开发了独特的运输车队算法。路径规划求解器的路由优化，以送货时间窗、车辆装载能力和成本为约束条件，通过长时间训练和优化，形成了独特的模型。其南京的一个乳业客户在运输实践中，效率提高50%，成本降低3%～20%，提高了可视化成效，客户体验佳。

美国冷库（USCS）是美国仓储和物流领域最大的冷链公司之一，人工智能系统的应用使该公司在运营过程中节省费用超过120万美元。他们在26个仓库安装了智能预约调度程序，自动化卡车预约流程。预测性 AI 解决方案减少了仓库码头拥堵，节约了15%的周转时间，客户满意度提高了86%。

第五节 ChatGPT 如何赋能物流供应链

一、什么是 ChatGPT

2023 年初，ChatGPT 席卷全球互联网，上线仅两个月，ChatGPT 的活跃用户就突破一亿。ChatGPT 具备了答疑、写作、翻译等功能。从界面上看，ChatGPT 和谷歌、百度一样，用户只要输入问题或指示，瞬间即可获得答案。ChatGPT 能够用各种语言回答用户生活、工作甚至专业领域的相关问题。ChatGPT 与谷歌、百度等搜索引擎不同，它是在学习、消化、理解知识的基础上，通过选择、判断、分析等模拟人类思维提供“深思熟虑”的答案。

ChatGPT 是使用自然语言处理（Natural Language Processing，NLP）技术，基于人工神经网络的深度学习算法训练出来的大型语言模型。它可以对人类语言进行分析、理解、生成和应答。NLP 是研究人类和计算机语言交互的学科，旨在使计算机能够处理人类语言，并进行自然交互。NLP 技术包括文本分析、语音识别、自然语言生成、机器翻译、情感分析、信息抽取等。ChatGPT 作为 NLP 技术的一个应用，利用大量的语料库进行训练以完成处理自然语言的任务，如回答用户提出的问题、完成自然语言生成任务、对文本进行分类和分析情感等。在实际应用中，ChatGPT 极大地提高了人机交互的自然化和便捷性，成了 NLP 领域的一个重要研究方向。

ChatGPT 是由 OpenAI 公司基于 GPT-3（第三代）大型语言模型研发的。GPT 即“Generative Pre-trained Transformer”（生成式预训练转换器），是一种基于深度学习的自然语言处理技术。GPT 的核心是使用大规模语料库预训练模型，再使用该模型来生成文本、完成自然语言处理任务，如问答、文本分类、语言翻译等。其核心逻辑是“合理的延续”，即根据已有的文本，逐字“合理”地生成符合人类书写习惯的内容。所谓“合理”，是指基于数十亿个网页等人类所撰写的内容的统计规律，推测接下来可能出现的内容。

GPT 模型的基础是 Transformer 模型，Transformer 架构广泛应用于语言翻译、文本摘要、问答等自然语言处理任务，它能够学习长序列数据中的依赖关系。GPT 模型使用了多层 Transformer 模型（GPT-3 由 96 层模型组合而成)，并基于大规模语料库进行训练，使模型能够学习自然语言中的语法、语义和上下文关系。

GPT 模型在自然语言生成任务中表现出了很高的性能，如在生成对话、文章、摘要、诗歌等方面都有出色的表现。同时，GPT 模型在许多自然语言处理任务中也取得了优异的成绩，如文本分类、语言翻译、命名实体识别等。由于 GPT 模型的优异表现，很快成为自然语言处理领域的一个研究热点，并得到了广泛应用。

ChatGPT 之所以能够快速火遍全球，是因为其拥有强大的语言组织能力，可以给出优质的答案、提供获取信息的高效方式，并为用户带来超出预期的交互体验（见图 2-11）。

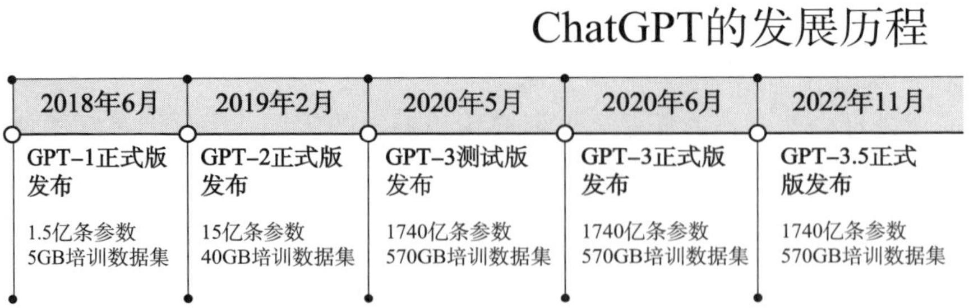

图 2-11 ChatGPT 的发展历程

ChatGPT 的另一个特点是使用人类反馈强化学习（Reinforcement Learning From Human Feedback，RLHF）算法对模型进行训练。人类反馈强化学习是一种人机交互的强化学习算法，是利用人类专家的反馈来优化人工智能模型的学习过程。通过专家对模型的响应进行排序标注，从人类理解的角度说明对结果的偏好，再用这些带标注的响应来训练模型。

为了测试 ChatGPT（见图 2-12），Investopedia 要求它“写一篇新闻风格的文章，解释 ChatGPT 是什么”。该机器人回应，它“旨在根据给定的提示或对话生成类似人类的文本”。它补充说，因为它是根据人类对话的数据集训练的，所以可以理解上下文和意图，而不只是进行直观的字面理解和对话。ChatGPT 在回应时还表示，其应用程序包括客户服务机器人，可为社交媒体或博客创建内容，以及将文本从一种语言翻译成另一种语言。

二、ChatGPT 的优点

ChatGPT 有许多潜在用途，从简单的聊天机器人到复杂的应用程序开发，用户可能会探索更多的方法来利用这项技术，包括与搜索引擎整合等。近期，微软已宣布将其搜索引擎 Bing 及全套 Office 产品与 ChatGPT 整合。

图 2-12 ChatGPT 客服机器人

资料来源：AI 生成。

聊天机器人已经存在了很多年，但ChatGPT被视为是对聊天机器人的颠覆性改进。OpenAI给ChatGPT提供的复杂性演示，包括一个欺骗机器人的提示：询问克里斯托弗·哥伦布（据称）2015年何时来到美国。ChatGPT避开了这个陷阱，澄清了哥伦布在2015年没有来美国。但它回应道：如果他来了，它（ChatGPT）对他的访问表示欢迎。

三、ChatGPT的缺点

ChatGPT也存在许多限制与缺点，如它不能完全理解用户的意图和情感，有时可能会生成一些不相关或不恰当的对话。它不能保证生成文本的准确性和可靠性，有时会生成一些错误或虚假的信息。它也不能完全避免生成一些有害或有偏见的文本，甚至会触犯社会法律或道德规范。

在ChatGPT被发布的头几周，就因为学生滥用其撰写论文和作业而成为头条新闻。公众对少数学者利用ChatGPT进行学术作弊越来越担忧，很多学校开始禁止在一些场合使用ChatGPT。

对一些人来说，ChatGPT可能会带来风险。例如，分析师预测该机器人可能会使恶意软件和网络钓鱼攻击更加复杂，黑客可能会利用该技术开发人工智能模型，辅助黑客进行更精密的信息攻击。也有很多人对ChatGPT的政治性用途表达了担忧，包括ChatGPT可能被用来创建和分享听上去很有道理但却具有误导性的内容等。除此之外，ChatGPT还有以下缺点。

（1）ChatGPT是根据已有的标准英语文本来构建训练模型，如果用户输入的不是英语，其可能会因理解偏差导致回复不完全正确。

（2）因为ChatGPT是基于统计模型的自动机器人，所以回复的内容没有太多的情感或灵活性。

（3）ChatGPT是一种统计模型，它会从训练文本中收集用户输入的信息并构建模型。构建的模型会反映用户的信息特性，有可能使信息泄露，尤其是员工使用企业的机密数据进行训练时会导致企业信息泄露。

四、ChatGPT 在物流供应链中的应用场景

物流供应链领域存在大量的协同与沟通，智能聊天机器人可以替代人工，具有向后端各种信息系统即时获取、处理和反馈信息的能力。

ChatGPT 可以应用到物流供应链的以下场景。

智能物流规划。ChatGPT 通过学习和分析历史数据，可以帮助物流企业制订更优化的物流计划，包括路线规划、配载方案和运输调度等。ChatGPT 还可以根据实时数据和市场变化，对计划进行调整，提高物流效率、降低成本。

预测需求。ChatGPT 可以通过学习和分析市场趋势、客户偏好和销售数据等，预测产品的需求量和销售趋势，为生产商、批发商和零售商提供决策支持，便于其制订采购、生产和库存计划。

货运状态监控。ChatGPT 通过分析传感器数据和实时物流信息，可以监控货物的运输状态和位置、预测交货时间并提醒物流企业和客户。同时，ChatGPT 还可以根据历史数据和机器学习算法，帮助物流企业减少运输风险、提高交货准时率。

供应商管理。ChatGPT 通过学习供应商历史数据和评估指标，评估供应商的绩效和风险，可以帮助生产商和批发商优化供应链合作。ChatGPT 还可以识别潜在的供应链问题，帮助客户建立可持续的合作关系。

除此之外，ChatGPT 在以下业务场景也能产生价值。

帮助员工收集整理各国各种与供应链相关的信息，包括海关、税收、法规等信息，或对不同国家进行比较，辅助企业评估寻找最佳方案。

对新员工进行物流供应链方面的培训。自动生成相关培训内容，并即时检查与回复，结合问题自动生成更详细的说明。

使用 ChatGPT 创建软件。根据业务需求描述自动生成需求与设计文

档，并自动生成相对应的软件代码。

五、ChatGPT 与其他新兴技术的整合

ChatGPT 除了可应用于丰富的场景外，还可以与其他新兴技术整合产生更多的解决方案与可能性。举例来说，将 ChatGPT 与区块链整合，可以提供更为完整和可靠的信息服务。ChatGPT 可以在区块链中生成预测的交易数据，并加入加密算法，以保证数据的不可篡改性和完整性。此外，ChatGPT 还可以利用区块链技术，为用户提供可靠的信息服务，如财务预测、市场分析等。总之，ChatGPT 与区块链的结合，可以为用户提供更为完整和可靠的信息服务，并有助于提高用户之间的信任度。

此外，ChatGPT 与 AR/VR 的结合可以创造很多有趣的应用场景。AR 和 VR 技术可以将数字内容与现实世界相结合，而 ChatGPT 则具有人工智能语言处理能力，帮助 AR/VR 应用程序更好地沟通、互动。例如，在 AR 游戏中，ChatGPT 作为智能 NPC（非玩家角色），可以与玩家进行对话并对玩家的行动做出反应。这样的语言交互环境可以使 AR 游戏更有趣、更具挑战性，更能吸引玩家。在 VR 中，ChatGPT 作为环境中的智能助手，可以通过语音识别和文本输入与用户进行交互，帮助用户完成各种任务，如指导用户使用 VR 设备，或在 VR 世界中寻找物品。

ChatGPT 和 AR/VR 还可以在教育和培训领域进行整合，帮助学生和员工学习新技能、掌握新知识。例如，使用 AR 学生可以在现实世界中查看三维模型，并与 ChatGPT 进行对话，以获取有关该模型的信息。在 VR 中，员工可通过体验模拟培训环境来学习新技能，并通过 ChatGPT 来对学习新技能的成果进行验证等。

六、ChatGPT 的价值

ChatGPT 给供应链带来了巨大冲击。从订舱、跟踪货物、管理库存到

更新车队信息等，智能聊天机器人将物流和供应链行业提升到了一个新的水平。ChatGPT 对供应链的价值具体如下。

提高生产力。通过辅助自动化日常任务，如更新 CRM、安排会议和生成文档，聊天机器人不仅可以降低企业的运营成本，还可以替代人工承担低价值工作，提高企业的整体生产力，使员工专注于重要任务，进而提升绩效。

提高客户服务品质。聊天机器人可以及时解答客户提出的有关问题，并根据需要持续提供支持。智能聊天机器人还可以提供 24 小时服务，用户在任何时刻都能够快速获得帮助。

降低运维成本。智能聊天机器人可以助力企业降低运维成本。例如，当企业的设备或机器出现问题时，机器人可以根据问题描述实时提供解决方案，大幅度降低了企业的运维成本。

第六节　智能 OCR 自动化处理物流单据

物流的运营流程烦琐，如费用管理、报关、物流运输、客户管理、供应商管理等。整个物流运营过程会产生大量的单据和纸质文件，包括商业发票、装箱单、空运提单、提货单、海运提单、原产地证明、危化品证明、报关单、签收单、形式发票等。除此之外，还会产生大量的结构化、半结构化和非结构化文件。目前，物流行业严重依赖人工处理非结构化数据，人工数据管理既费时又易错。研究表明，人类在电子表格数据输入方面的错误率为 18%~40%。

一、智能 OCR 可以自动化处理物流文件

智能文档处理（Intelligent Document Processing，IDP）是指利用 OCR、

NLP（自然语言处理）、机器学习等 AI 工具，从非结构化和半结构化的电子文档中准确识别和提取正确字段，并输出结构化数据的过程。IDP 是物流企业的重要工具，为企业提供了方便、准确和快速的文档处理解决方案。IDP 便于从结构化、半结构化和非结构化文档中准确提取和处理姓名、日期、地址和金额等数据。智能文档处理（智能 OCR）可轻松实现物流文件处理的自动化。

1. 提单（Bill of Lading）

提单是国际航运中涉及的最重要文件，用于证明运输过程中货物的所有权和被交付的义务。它是一份由承运人或其代理人签发交付货主的文件，载有货物的品名、数量、质量、装运日期、起运港和目的港等信息。船运公司也会发放主提单，以证明货物已经被装船并处于运输过程中。提单是货物在目的地交付和清关的重要文件，货主需要向承运人提供提单以证明其有权接收货物。对于企业来说，手动处理提单虽然没有问题，但随着运输量的扩大，自动化数据管理就很有必要了。

2. 交货单（Delivery Order）

交货单是用于指示承运人或仓库将货物交付给特定的收货人或代理人的文件。它是货物在运输过程中交付的指示书，通常由发货方生成。交货单包含了货物的详细信息，如品名、数量、装运日期和运输方式等。收货方收到货物时，需要签名确认已经收到指定的货物。

在国际贸易中，货物的收发双方位于不同的国家或地区，中间可能会有多个承运人和仓库。在这种情况下，交货单可以确保货物在运输过程中的准确交付和流转，避免因为信息传递不及时而导致货物的滞留或丢失。

IDP 可为交货单处理提供如下便利：

- 从交付证明文档中提取结构化、半结构化和非结构化数据。
- 可对提取的数据进行数字化操作以供后续使用（如分析、会计、审查或存储）。

- 增强数据安全性，防止纸质文本丢失等。

3. 运输发票（Transporttion Invoice）

运输发票是货物在运输过程中，承运人向货主发出的一种账单，用于结算运输费用和相关服务费用。运输发票包含货物的基本信息，如品名、数量、质量、装卸地点、运输方式等，同时提供运输费用和相关服务费用的详细信息，如运输费、装卸费、保险费等。企业物流部门通常会耗费大量人力对发票进行录入、校对和处理。

4. 运输标签（Transport Label）

运输标签是运输包裹的ID标签，运输标签的格式因供应商或货运代理而异，通常包含重要信息，如收件人的姓名和地址、供应商/货运代理的名称和地址、电话号码、物品说明、数量和/或重量等。如今，大多运输标签还包含条形码和电子跟踪号。从运输标签中提取数据，对于供应链的许多环节十分重要。物流中很多环节都需要根据运输标签提供的信息决定下一步的操作。

IDP可以高效地处理标签，自动提取相关字段信息并准确分类。通过计算机可以区分标签上的相关字段并识别内容，不管这些字段处于标签的什么位置。命名条目识别（NEM）算法经过训练，可以挑选出特定类型的信息，如货物号、姓名、地址、成本等，并以高精度和高效率的方式将之整理到系统内，供后续操作使用。

5. 货物保险文件

由于运输的产品种类繁多，所以针对物流业的保单也有多种。物流业常见的保险类型有货物险、货运代理责任险、海事服务责任险、船体和机械险、保障和赔偿险、危险品和燃料物流险、商业车辆险、一般责任险等。保险事务关涉多个数据来源，过程烦琐，需要从不同文档提取、处理和分析数据，需要认知整理不同文档的细节。目前，许多保险公司正寻求通过自动化操作优化流程。

6. 报关单

报关单提供了所有进口或出口货物的详细信息，包括原产国、货物描述、成本、保险和运费、海关分类编号、关税等。处理报关单需要同时处理发票、运单、原产地证明、装箱单等各种单据，人工处理耗时且容易出错。IDP 解决方案可通过提取相关数据、智能分类并按需处理，实现报关单处理自动化。

IDP 引擎能够自动识别和捕获报关单中的相关字段，无论这些字段位于文档的哪个位置，并将信息分类存储在适当的索引表中。

7. 装箱单

出口货物装箱单提供了运输容器内所装货物的相关信息，包括出口商、货运代理人和收货人，以及商品的详细情况，如包装规格、品名、数量、体积/重量等。出口装箱单记录有运输物品的详细信息，是提单的辅助证明文件。装箱单还可以作为信用证项偿付的支持文件。从装箱单中提取信息，对买方、卖方和货运代理人的操作与协同很重要。

8. 采购订单（Purchase Order）

采购订单作为确定买方从卖方/供应商处购买商品或服务的文件，可授权后续交易，以便将货物从卖方转移到买方并支付款项。发票只有与采购订单、送货收据匹配，才可以完成购买行为并启动付款。IDP 解决方案不仅可以智能地从现有文档捕获数据，还可以管理文档并减少整个采购流程的时间。

9. 空运货物舱单

空运货物舱单是用于跟踪货物运行流程的文件，由货运公司创建，记录了货物从发货地到目的地的运输信息。舱单包含货物的名称、重量、体积、价格等信息，以及货物的发货港、抵达港、货运公司的联系方式等。

二、智能 OCR 单证处理案例分享

1. 智能单证平台 Composer 加速物流单证自动化

上海创业企业道刻智能（Tren Tech），是一家领先同行业的智能国际物流单证处理服务供应商。该企业推出万能打标平台 Composer，让 AI 智能文档处理和自动化流程迈上了快车道。单据识别模型的生成平台 Docuai Composer，为解决单据杂乱、模板多样的行业难题提供了独特工具。该平台有 48 类国际物流单据识别训练模型，用户还可以自行创建并训练单据识别模型。同时 Composer 平台解决了单据识别算法领域的大样本训练问题，用户只需 20 来个样本单据的标注，就可以完成训练，生成自己的算法模型。传统算法模型需要 3~5 天时间才能生成，Composer 平台只需 4 步，基本可以在 10 分钟以内完成打标，半小时以内生成一套模型算法。20 张单据可以生成对应模型，运用高效标注工具，提单、箱单、发票同样在 10 分钟以内可完成标注，形成该模板独特的算法。初次标注后，准确率可达 90%以上。

2. 智能 OCR 自动识别和比对进口单据

B 公司是一家营收千亿美元的全球领先化工企业，该企业因在中国某地投资上百亿欧元的项目，需要进口各种设备、零件、工具、生产线以及 MRO，同时有海量的进出口单据需要处理，如发票、提单、装箱单、采购订单、签收单等。这些单据来源不同，包含发货人、供应商、海关、货运代理人、船公司/航空公司等信息。基于各种原因，某一批货物的数据，如数量、金额、货物重量、体积等，都有可能不一致。如果将相互矛盾的数据录入系统，会对财务支付和 ERP 数据产生干扰。数十万单据，若由人工来处理，不仅费时，而且极易出现错误，产生“二次伤害”。为此，B

公司通过严格挑选，选择了道刻智能作为其合作伙伴，用智能 OCR 识别这些单据，再用机器人进行比较，基于正确单据，找出错误数据，并在系统内进行更新，保证了数据的准确性。

3. 自动化识别和录入空运票据

D 公司是全球顶级空运快递和货运代理人，在全球拥有数十万名员工，在中国开展的业务广泛，仅空运快递就有超 2000 人的操作团队，进口和出口产生的运单、发票、报关单、申报要素每年超过 2000 万份，单据多达 8000 多万张。这些单据一部分由 D 公司自行操作录入（D 公司需要向客户收取录单费），一部分要求客户录入（客户体验不佳）。为此，道刻智能设计了新的录入方案，并完成 POC 论证，由快速打标平台 Composer 打标各类客户格式（如海外发票）。十份以上样本训练可以形成该模板的算法，直接导出准确率 99%以上的结构化数据，这就是智能“OCR+NLP+API”或 RPA 解决方案。该方案大大减少了 D 公司录入人员的工作量，提高了员工满意度，同时提升了客户满意度。

4. 智能 OMS 系统（订单管理系统）

M 公司是全球顶级航运公司，其供应链创新团队专门为客户提供创新产品。L 公司是 M 公司的客户，是一家从事线上线下营销的时尚品牌企业，今年来发展迅速，产品深得年轻人的喜爱。L 公司订单数据非常繁杂，DocuAI 按照以下逻辑为 L 公司设计了数据平台：将 L 公司收到的订单数据放到 Sharepoint，由 DocuAI 机器人自动获取数据，自动分类、自动识别，由智能审核工具进行审核，并存入数据平台，最后将数据发送给运输方。同时发给报关行进行申报，机器人自动获取海关的查验通知或者放行邮件，以及提货到库和还箱通知。通过这一流程，DocuAI 自动数据平台为 M 公司和 L 公司节省了至少十名全职员工，效率提高了 50%，客户体验非常好。对于订单量较大且发货批次频繁的消费品企业，这是个值得借鉴的经典案例。

5. 机器人自动报关订舱平台

S 电气公司是能效管理领域全球领导者，为 100 多个国家的能源及基础设施、工业企业、数据中心及网络、楼宇和住宅市场提供整体解决方案。S 电气公司在中国设有 21 家工厂，每家工厂都自行从事订舱、报关等进出口业务。这些流程重复雷同，即员工从系统中导出数据，制成装箱单和发票，再制成订舱单，发给货运代理人订舱；同时回填订舱确认号码，制成报关单进行报关，流程重复冗长。S 电气公司采用“OCR+RPA 机器人”流程后，机器人从仓库系统或者 ERP 中下载出货信息，OCR 识别结构化数据，自动生成装箱单或者发货单，RPA 根据申报要素和预定逻辑生成报关单。同时，机器人根据数据制成委托书发给货运代理人进行订舱，机器人自动值守，获取订舱确认号码后，再将此号码回填到 S 电气公司系统。将报关委托和订舱委托自动化后，S 电气公司大幅度降低了人力成本。

第七节　虚拟增强现实技术

一、虚拟增强现实技术的发展

1968 年，犹他大学的伊万·萨瑟兰（Ivan Sutherland）教授创造了第一款“可以跟踪用户目光”的虚拟现实头盔（见图 2-13）。在描述该设备时，伊万·萨瑟兰解释说，他的目标是“让用户被三维信息包围”。当观察者移动头部时，图像“必须像真实物体的图像一样发生变化”。伊万·萨瑟兰写道，投射的物体“似乎挂在用户周围的空间里”。

这套系统拥有一个头戴式光学透视显示器，同时配有两个 6 度追踪仪，一个是机械式，另一个是超声波式，头戴式显示器利用其进行追踪。受制于当时计算机的处理能力，这套系统将显示设备安装在用户头顶的天花板上，并通过连接杆和头戴设备相连，将简单线框图转换为3D效果的图像。由于设备很重，所以被大家戏称为“达摩克利斯之剑”。伊万·萨瑟兰和他的学生一起制造了这台设备，伊万·萨瑟兰被称为增强现实技术的先驱。

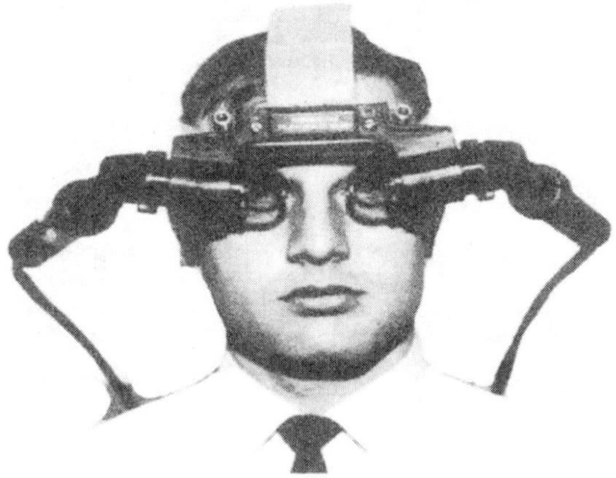

图 2-13 世界上第一款虚拟现实头盔

资料来源：https：//history-computer. com/ivan-sutherland-complete-biography/。

增强现实（Augmented Reality，AR）这一术语1990年才被正式提出。波音公司的研究人员汤姆（Tom Caudell）和他的同事开发了一个头戴式显示系统，该显示系统可侦测头部视觉的角度，并且显示由计算机生成的波音飞机相关制造工序的图像。

在Tom Caudell和David Mizell撰写的论文 *Augmented reality：an application of heads-up display technology to manual manufacturing processes* 中，首次使用了增强现实这个词，用来描述将计算机呈现的元素覆盖到真实世界的技术。在该论文中，他们讨论了增强现实相对于虚拟现实（VR）的优点，如需要呈现的元素相对较少，对处理能力的要求较低。

同年，两个早期的增强现实原型系统Virtual Fixtures虚拟帮助系统和KARMA机械师修理帮助系统，分别由美国空军的路易斯罗森伯格（Louis

Rosenberg）和哥伦比亚大学的 S. Feiner 等人提出。路易斯罗森伯格在美国空军的阿姆斯特朗实验室中开发出了 Virtual Fixtures。这个设备具有对机器进行远程操作的功能。随后，路易斯罗森伯格开始研究 AR 增强现实技术，尝试将虚拟图像叠加至真实世界中。

KARMA 全称是基于知识的增强现实维修助手（Knowledge-based Augmented Reality for Maintenance Assistance），是哥伦比亚大学计算机图形和交互实验室研发的一个协助维修设备的系统。使用者能够通过头戴式投影设备获取维修激光打印机的具体步骤与指引的影像，直到今日仍是各领域增强现实设备系统最常见的使用场景。从那之后，增强现实技术在各领域有了快速而长足的发展。

二、什么是增强现实/虚拟现实

增强现实与虚拟现实是两种不同的技术，尽管区别显著，但常常被相提并论甚至混用。

增强现实能够把计算机生成的各种信息，通过文本/图像等形式叠加到人们视觉所看到的现实世界中，进而为人们提供无法从现实世界获得的更深层次的信息，让现实世界变得多姿多彩。增强现实系统一般具备 3 个特征：虚实结合、实时交互、三维配准。

虚拟现实则是由计算机创造的完整的全新的虚拟视觉世界，并替换了人们所处的现实世界，人们视觉所看到的完全是计算机所创造的世界，与其所处的现实世界无关。由于虚拟视觉是由计算机所创造，因此可以脱离现实世界的各种束缚，创造的自由度与可能性更大。

比如 2018 年由史蒂文·斯皮尔伯格所导演的科幻电影《头号玩家》，就是标准的虚拟现实应用场景，一旦用户带上特制的头盔与设备，就会进入由计算机所创造的虚拟世界之中，并与其他的虚拟角色进行互动。同时，计算机还能够创造出各种感知（声音、触觉等），让互动的真实感更加强烈。

2016年风靡全球让无数年轻人痴迷的“精灵宝可梦 Go”游戏，就是增强现实技术的成功应用。该游戏将增强现实与GPS定位等常见技术整合在一起，创造了虚实结合的互动场景。

由于技术上的区别，增强现实更多地用于需要与现实世界强交互的领域，而虚拟现实常被应用于游戏等可以脱离现实世界重新创造的虚拟世界。

三、虚拟/增强现实技术的挑战

尽管虚拟/增强现实技术已得到了充分发展，但依然面临诸多困难和挑战，这些困难和挑战制约了虚拟/现实技术的大规模普及应用。

第一个挑战是网络延迟。因为虚拟/增强现实对信息实时同步有非常高的要求。增强现实技术要求随着用户在现实世界中移动，虚拟信息要根据用户眼中的世界尽可能地及时更新，这样用户才能够得到正确的信息，最小的延迟可增强用户的沉浸感。但这对计算机处理能力及网络传输带宽、延迟提出了极高的要求。虚拟现实虽然不需要处理现实世界的信号，但是由于用户所感知的整体世界是由计算机所创造，一旦产生延迟，就会严重破坏真实感。

第二个挑战是计算能力。不论是虚拟现实还是增强现实，都需要计算机处理大量的信息，增强现实需要实时分析真实的世界环境，同时管理虚拟信号，这需要极强的计算处理能力。虚拟现实由于整体世界都是由计算机所创造，所以对计算能力的要求更高。

第三个挑战是重量。由于虚拟/增强现实设备通常都是头戴式，因此必须设计得尽可能轻巧，否则影响用户使用，甚至产生各种不适感。在保障设备轻巧的同时，还需保证电池续航力以及计算能力，以保障用户长时间使用。

上述挑战制约了虚拟/增强现实技术的大规模普及应用，但随着技术的快速迭代升级，上述困难终将被克服。

四、应用案例

1. AR 眼镜在仓储领域之应用

在仓库作业中，重点与难点通常是在拣货和复核环节。因此，我们可以在拣货作业中看到很多新的技术应用。相比传统的按纸质拣货单（PDA）拣货，增强现实 AR 技术的使用使目光拣货（Pick By Vision）成为可能（见图 2-14）。

图 2-14　仓库操作人员佩戴增强现实眼镜进行拣货

资料来源：AI 生成。

目光拣货避免了传统拣货中易发生的人为错误，可以将操作人员的双手解放出来，且通过 AR 技术可使拣选的效率大大提升。目前，很多厂商都在开展目光拣货的相关应用，很多大型物流公司也开始积极测试其不同的应用场景。

比如经过数年的试点和分阶段部署，物流巨头 DHL 计划加大对增强现实可穿戴设备的投资。DHL 旗下 DHL Supply Chain 在 2019 年宣布，其将成为首批部署第二代谷歌眼镜的客户之一。为提高分拣效率，DHL Supply Chain 将为仓库员工提供数百台新版 AR 智能眼镜。AR 视觉技术可帮助员工专注于分拣过程，直接通过可视数字指引定位和分类货物，从而减少搜寻时间和简化扫描设备的操作流程。通过 AR 智能眼镜可实现免手操作，受到了 DHL 仓库员工的青睐，员工可以快速定位和分类产品。这家公司表示，自 2015 年开始实施智能眼镜试点和部署以来，仓库工作效率提高了 15%。

新版谷歌眼镜性能得到显著优化，增加了对象识别功能，将进一步改善员工的免手操作体验。DHL Express 正计划在配送中心提供智能眼镜产品。

2. 远程交互维修指导

通过引入智能 AR 眼镜，远程协作时专家可透过视频，了解现场的实际情况，指导技术人员一步完成故障排查，甚至实时地将解决方案以图像/视频的方式展示在现场技术人员面前，从而在最短时间内有效解决问题，降低设备停机率和专家的差旅成本。这种方式还让多个领域的专家共同会诊成为可能。

2019 年 6 月，北美宝马公司宣布在宝马维护中心、4S 店和车间等场景推行全套 AR 解决方案，包括技术信息系统 TIS2. 0、技术支持与科研辅助线上平台 TSARA 以及 TSARAVision 智能眼镜。AR 解决方案可帮助技术人员快速获得信息和提供实时的远程支持，从而减少维修和维护时间，提升车间效率，提高客户满意度。

据了解，宝马维护中心和 4S 店的技术人员可以通过移动端应用 TIS2. 0 搜索维修车辆所需的技术数据。TSARA 平台是一款线上技术支持与科研辅助平台，凭借直观和友好的用户界面，可提供更快的信息搜索和技术支持，大大提高了宝马维护中心和 4S 店技术人员的工作效率。据宝马公司估计，该平台可将维修与维护的平均速度提高 70%~75%。

TSARAVision 智能眼镜为现场技术人员提供远程支持，远程专家既可以 AR 形式将技术指示和示意图投射到现场显示屏中，也可以通过智能眼镜查看现场情况，基于截屏和放大的图片做出判断。同时，现场人员可通过语音控制调阅文档，不需要点击操作，从而节省了时间，提高了工作效率。这种信息交流方式比发送电子表格、照片或通过电话沟通更高效。此外，AR 技术还有其他使用场景，如远程培训，不仅可以使员工培训成本大幅度下降，还节省了培训时间。

第八节　“数字孪生”

一、“数字孪生”技术的发展

20 世纪 60 年代，美国宇航局（NASA）实施了阿波罗计划（Apollo program）。在阿波罗计划中，NASA 建设了一套完整的、高水准的地面半物理仿真系统，用于培训宇航员及任务控制人员可能用到的全部操作，包括多种故障的处理演练。这些模拟演练在后续的 Apollo13 登月任务中发挥了极大的作用（见图 2-15、图 2-16）。

这些功能各异的模拟器，由多台联网计算机控制，在模拟培训中，客观实体只有乘员、座舱和任务控制台，其他都是由计算机、公式以及技术人员仿真创造出来的，这就是“数字孪生”的前身。

“数字孪生”概念可追溯至 2002 年，美国密歇根大学的 Michael Grieves 教授在其产品生命周期管理课上提出的“与物理产品等价的虚拟数字化表达”（a virtual，digital equivalent to a physical product）概念。这一概念被认为是数字孪生理论的雏形。受限于当时数据采集技术、计算机性能和算法等所限，Michael Grieves 教授提出的概念未受到广泛关注。

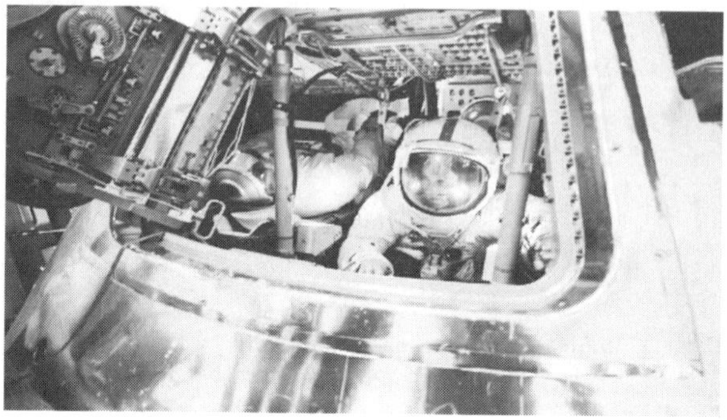

图 2-15　宇航员操作模拟

资料来源：NASA。

图 2-16　登月计划模拟器

资料来源：NASA。

2010 年，NASA 首次书面提出“数字孪生”并得到了进一步发展。NASA 在建模、模拟、信息技术和处理路线图（*Modeling*，*simulation*，*information technology & processing roadmap*）中详细说明了航天器“数字孪生”的定义和功能。2011 年 3 月，美国空军研究实验室（AFRL）结构力学部门的 Pamela A. Kobryn 和 Eric J. Tuegel，作了题为“基于状态的维护+结构完整性与战斗机机体数字孪生”的演讲，首次明确提到“数字孪生”。

AFRL 希望实现战斗机维护工作的数字化，而“数字孪生”是其研究出的创新方法。

当美国空军意识到“数字孪生”具有很大实用价值的同时，另一家全球知名企业也对“数字孪生”产生了浓厚的兴趣，它就是美国通用电气公司（GE）。2014 年，GE 就注意到“数字孪生”在工业领域的应用前景，并且在“数字孪生”领域投入了几十亿美元，建立了一个由 1.4 万名软件工程师和科学家组成的团队。该团队通过多年研发打造了技术领先的 Predix 云平台，构建了一套可以代表机器和流程的数字孪生体（Digital Twins），对各类工业资产、设备进行建模、控制和分析。此后，GE 为每个其生产建造的飞机引擎、风力发电厂、离岸钻油平台、发电设备以及各种先进工业设备创造了数字孪生体，且使用数字孪生体帮助客户进行设备的实时监控与运维管理。截至目前，GE 已经在虚拟世界创造了超过 120 万个数字孪生体。

例如，针对燃气轮机的“数字孪生”（见图 2-17），GE 通过传感器收集了大量燃气轮机产生的实时状态数据，并集成包括气象、运营、维护、事件的外部数据，结合异常监测分析、相似度对比、热力学模型分析，对燃气轮机运行的关键指标进行实时计算、评估、诊断和预测，提升了设备可靠性、运营性能、效率以及安全性。

通过“数字孪生”的实时监控技术，GE 帮助各个领域客户节约了超过 16 亿美元的维修运营费用。“数字孪生”技术成为 GE 发展工业 4.0 过程中的核心技术。

二、“数字孪生”的本质

有关“数字孪生”的本质定义，五花八门。在此，我们列举几个重要且有代表性的定义。

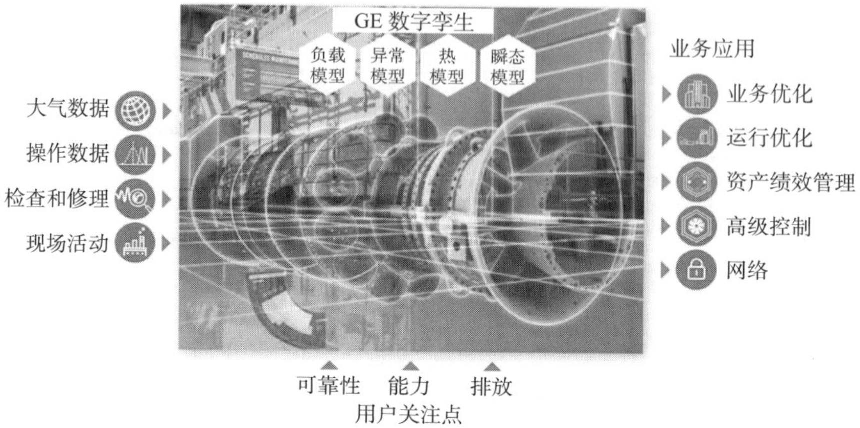

图 2-17　燃气轮机“数字孪生”模型

资料来源：GE 数字孪生白皮书。

1. 学术界的定义

“数字孪生”是以数字化方式创建物理实体的虚拟实体，借助历史数据、实时数据以及算法模型等，模拟、验证、预测、控制物理实体全生命周期过程的技术手段。（引自《数字孪生应用白皮书（2020）》）

2. 标准化组织的定义

“数字孪生”是具有数据连接的特定物理实体或过程的数字化表达，该数据连接可以保证物理状态和虚拟状态之间的同速率收敛，并提供物理实体或流程过程的整个生命周期的集成视图，有助于优化整体性能。（引自《数字孪生应用白皮书（2020）》）

3. 通用电力 GE 的定义

“数字孪生”是资产和流程的软件形式表示，可用于理解、预测和优化性能，其目的是提高资产和流程的性能。

4. IBM 的定义

“数字孪生”是某一对象或系统整个生命周期的虚拟再现，根据实时数据进行更新，并利用模拟、机器学习和推理来辅助决策。

“数字孪生”可以理解为真实空间的事物在虚拟空间的实时映射。“数字孪生”概念模型包含3个主要部分。

- 现实中的物体。
- 虚拟/数字物体模型。
- 现实与虚拟之间的连接桥梁——主要是数据交换。

数字物体模型由三个重要的数字化部分组成。

- 数据模型。数据模型是描述“数字孪生”的结构和特征的系统、资产和组件的层次结构。
- 分析或算法。分析或算法是根据物理模型和人工智能/机器学习模型，预测、描述和规定当前和未来资产或流程的行为。
- 知识。知识是提供分析主题专业知识、历史数据和行业最佳实践的数据源。

三、“数字孪生”的价值

（1）可见性。“数字孪生”能够实现机器操作的可见性，包括工厂和机场等大型互联系统的可见性。

（2）预测性。使用多种建模技术（基于物理和数学的），“数字孪生”模型能够用于预测机器未来的状态。

（3）假设分析。通过适当的设计接口，可以很容易地与模型进行交互，并且向模型询问假设问题，来模拟现实中无法创建的各种条件。

（4）对行为进行理解和解释的记录与沟通。“数字孪生”模型作为一种沟通和记录机制，能够对单独的机器或者机器集合体的行为进行理解和解释。

（5）连接不同的系统，如后端的业务应用。如果设计正确，“数字孪生”模型能够用来连接后端的业务应用，通过供应链运作获得业务成果，包括制造、采购、仓储、运输、物流、现场服务等。

四、"数字孪生"与其他技术的关联

1. IoT 传感器

若要实现"数字孪生"，必须借助传感器将运行、更新的实时数据反馈到数字系统，进而实现在虚拟空间的仿真。也就是说，物联网的各种感知技术是实现"数字孪生"的必要条件。

以美国 GE 公司为例，该公司针对发电厂打造数字孪生体，集成了发电厂内各部件的分析模型，并在实际发电厂内布置数万个传感器，将测量出的震动、温度和压力等参数实时上传到数字孪生体中，以预测核心设备的健康状态、磨损情况和性能，并通过上述信息预测合理的维修时间，实现故障前的预测与检测，降低非预期的服务中断，提升服务可靠性。

因此，"数字孪生"的发展离不开传感器的支持，特别是传感器成本与功耗的快速下降，以及 5G NB-IOT 等低功耗广域网技术的快速普及。全球物联网设备数量快速增长，预计到 2025 年，全球将有大约 270 亿台物联网设备。这将使万物互联的愿景成为可能，同时奠定了"数字孪生"的发展基础。

2. 大数据与机器学习

伴随着物联网的快速发展，其收集的各种数据在以几何级数增长。据统计，2020 年物联网产生的数据量已经达到 4. 4ZB。随着物联网设备的快速增加，未来数据会以更快的速度增加，对海量数据的实时处理与分析，变得更加重要。

相关关键技术如下。

（1）海量数据储存管理。储存容量的扩充，储存技术以及分析大数据技术的发展，如 NoSQL 数据库应用与 Hadoop 云端运算技术的突破。

（2）物联网大数据发展平台。简化的平台组件、完整的物联网专用开发工具及功能和进阶的联网装置管理工具等。

（3）机器学习分析。机器学习的关键在于如何反映真实模型的状态，一般通过提供大量的训练数据，让机器找出规律、学习如何将数据分群或分类。

五、“数字孪生”如何创造价值

“数字孪生”可以通过不同的方式为产品、流程、用户或组织增加价值，具体如下。

描述性价值。当资产处于远程或危险状态时，“数字孪生”即时可视化资产状态的能力很有价值，如航天器、海上风力涡轮机、发电站和在客户工厂运行的制造商提供的机器。“数字孪生”使信息更容易获取，且更容易进行远程描述。

分析的价值。结合模拟技术的“数字孪生”，可以提供无法直接在物理对象上测量的数据，如在物体内部生成的信息。因而“数字孪生”作为现有产品的故障排除工具，有助于优化产品的后续性能。

诊断的价值。“数字孪生”可以基于诊断系统，使用测量或推导的数据来推测特定状态或行为发生的根本原因。这些系统可以基于企业专有技术以符合规则的形式实现，或者基于历史数据利用分析和机器学习方法导出关系。

预测的价值。物理模型的未来状态可以通过“数字孪生”模型进行预测，如通用电气在风力发电场使用“数字孪生”来预测发电量。“数字孪生”不仅能预测将会发生的问题，而且还会提出相应的解决方案。“数字孪生”在发展未来智能工厂中将发挥重要作用，这些智能工厂能够自主决定做什么、何时做以及如何做，最大限度地提高客户满意度和营利能力。

早期采用“数字孪生”的企业，通常能够在包括强化数据驱动的决策协同、简化业务流程和创造新的商业模式等方面获得效益。

六、“数字孪生”在供应链领域的应用

DHL 供应链利用物联网技术、数据分析和“数字孪生”技术，连接现实和虚拟仓库，并创建智能仓库解决方案。这套数字解决方案能够做到对仓库的实时监控，且在问题发生时即时预警并加以解决。

DHL 供应链在新加坡部署了第一个使用“数字孪生”技术的智能仓库。通过连接物理仓库与独特的虚拟表示，为客户创建了一个智能仓库解决方案，该虚拟表示可实时监控和模拟仓库资产的物理状态和行为。通过“数字孪生”解决方案，DHL 的客户可以全天候监控仓库的运营，并即时解决发生的问题，特别是安全和生产方面的问题。此外，仓库主管可以基于实时运营数据做出决策，以减少拥堵，改善资源规划和分配工作量。物料搬运设备（MHE）连接物联网并加装传感器，增强了空间感知力，从而降低了潜在的碰撞风险。人员进入受限区域时，会受到管理警报的监控。智能仓库中的管理控制塔，可通过“数字孪生”监控入境和出境货物的流量，确保货物收到 30 分钟内被妥善处理，交付的货物在 95 分钟内完成拣货与装运。

第九节　增强数据智能

一、数据智能

数据成为新的生产要素后，智能化数据成为企业新的竞争优势。2020 年 4 月发布的《中共中央 国务院关于构建更加完善的要素市场化配置体制机制的意见》首次将数据作为与劳动、资本、土地、知识、技术、管理并列的一种新型生产要素，从国家层面确立了数据作为新的生产要素，在未

来的经济发展尤其是数字经济发展中的战略地位。作为一种与传统生产要素完全不同的生产要素，数据在边际使用价值、产权、价值量度等方面都具有独特性。作为关键生产要素，围绕数据的收集、加工、分析、挖掘过程释放出的生产力，正在成为驱动经济发展的强大动能。要转化数据要素、释放数据生产力，首先要实现数据到数据资源的转化。

如何将数据能力作用于数字经济，实现数字经济的高速发展？具体来说，数据要素作为驱动数字经济创新发展的核心动能，不仅影响数字产业化的发展，还影响着产业数字化的发展，即数据要素对国民经济各部门的辐射带动效应。

数据智能是一种基于数据、分析和技术来提高决策效率的能力，涵盖了数据采集、存储、处理、分析和可视化等方面，并利用人工智能和机器学习等技术提取隐藏的规律和模式。如使用大数据引擎，通过大规模机器学习和深度学习等技术，对海量数据进行处理、分析和挖掘，提取数据中所包含的有价值信息和知识，使数据具有“智能”，并通过建立模型寻求现有问题的解决方案及预测等。人工智能、深度学习等“算法”，帮助人们发现规律并提供智能化支撑。基于大数据的充分挖掘而形成的智慧支撑系统，将成为数字经济高质量发展的强大动力。

对于企业而言，数据资产的重要性愈加凸显，对不同类型数据资产进行融合、打通、管理，成为提升企业数据资产价值的关键。

二、数据智能的核心技术

在信息化早期，企业建设了各种线上业务系统如 ERP/CRM/OA 等，这些业务系统通过数据库沉淀了多种数据。随着信息技术的进一步发展，越来越多的企业逐渐意识到数据的价值，并尝试通过各种分析方法提升其价值，以支持企业的管理决策，进而有了数据仓库等技术架构的落地。

传统的数据仓库，通常采用批处理方式处理数据，经过 ETL（Extract,

抽取；Transform，转换；Load，加载）过程对企业内各个系统的数据进行加工处理，处理流程非常耗时，常需要几个小时甚至更久，所以大部分企业的数据更新周期以天为单位。绝大部分数据仓库只能在昂贵的主机上运行，随着数据量的快速增加，传统的数据仓库主机无法实现高效经济的横向扩容，导致企业的数据仓库运维成本快速上升。

随着企业的各种数据量呈几何级数增长，且数据使用的时效性要求越来越高，传统数据仓库技术在时效性以及数据处理等方面的不足越发凸显。近年来，以 Hadoop 数据湖为代表的新兴技术顺应了大数据的发展形势。

三、与传统数据分析工具 BI 的区别

BI（商业智能）报表是一种基于汇总、分析和展示数据来支持决策的工具。BI 通过图表、数字和文字，旨在帮助业务人员更好地了解组织内外的情况和趋势。BI 报表可以提供实时和历史数据，并在数据中查找有意义的信息。

这种工具可以帮助组织做决策，并提高效率。例如，通过分析销售数据，业务人员可以快速而准确地确定哪些产品畅销，以便于制订生产计划或改变生产策略。BI 报表还可以帮助业务人员识别和解决问题，如通过分析产品缺陷，找出生产过程中需要改进的环节。但传统的数据分析基于传统数据仓库，且报表生成过程需要开发人员投入大量时间，在时效上难以满足现代企业管理对数据分析的实时需求。在这一背景下，增强数据智能诞生了。增强数据智能和传统数据分析工具 BI 主要有以下区别。

目的。数据智能的目的是通过机器学习和人工智能技术对海量数据进行分析，以自动发现模式和规律，进而提高业务决策的效率和准确性。传统数据分析工具 BI 是通过报表、仪表板等获取信息以支持人工决策。

工具。数据智能使用机器学习、深度学习、自然语言处理等技术，而

传统数据分析工具 BI 使用数据仓库、OLAP、数据挖掘等方式。

实现方式。数据智能是一种自动化的实现方式，可以根据数据自动生成报表、预测未来趋势等。传统数据分析工具 BI 是一种手动实现方式，需要人工分析数据，生成报表和图表。

总的来说，数据智能是传统数据分析工具 BI 的升级版，为使用者提供了更快捷、更准确、更高效的数据分析方法。数据智能通过收集、分析和可视化数据辅助决策，利用人工智能和机器学习技术对大量数据进行分析和预测，向决策者提供有效的决策支持。数据智能通过发现数据中的规律和趋势，帮助决策者做出明智的决策，从而提高组织的效率。

四、增强数据智能优化供应链决策案例

1. UPS 公司基于数据智能深入了解其物流网络

美国物流商 UPS 公司每天需递送约 2100 万个包裹，该公司依靠历史数据和人员规划优化端到端的运营流程。如今 UPS 使用商业智能平台捕获和分析客户数据、运营数据，可以跟踪每个包裹在 UPS 运输网络中的实时状态并提出实时优化方案。

UPS 的数据智能系统每周处理分析超过 5. 3PB 数据，基于预测分析、机器学习和多模型预测，以及结合专有的随机性和季节性增长因素，支持预测、运营可见性及优化报告。

2. 百事可乐公司基于预测分析和机器学习预测缺货

食品和饮料提供商百事可乐公司基于预测分析和机器学习来预测缺货情况，并提醒零售商补货。

百事可乐公司电子商务工程负责人 JasonFertel 说："在新型冠状病毒感染疫情发生初期，某些产品因各种意料以外的原因而下架。"百事可乐公司通过销售智能平台实时分析零售商的销售数据，将其与百事可乐公司的

供应链数据相结合，以预测商品何时缺货，并提示供应商及时补货。

3. 辉瑞公司的数字化转型助其管理供应链

制药巨头辉瑞（Pfizer）公司表示，其全球供应的数字运营中心（DOC）项目对该公司在全球制造和供应 Pfizer-BioNTech Covid-19 疫苗的能力至关重要。辉瑞公司表示，这些数据分析能力有助于减少 10%的缺货概率，从而为依赖那些药品的患者提供关键的供应连续性。

辉瑞公司执行副总裁兼首席数字和技术官 Lidia Fonseca 表示："这一解决方案改变了制造业工作人员协作和决策的方式，为他们提供了能够在问题发生之前预测并实时调整的工具。数字运营中心允许团队挖掘数据，提供与之前估计的标准交付周期相比的变化分析，从而获得持续改进的机会。"

第十节　区块链

近年来，数字化已经成为全球供应链领域最重要的议题之一，而数字化浪潮离不开以区块链技术为代表的新型信息技术和基础设施的蓬勃发展。从商业进程的视角来看区块链，这项技术正经历从单一领域向多元化领域拓展的转变：从数字虚拟货币等金融相关领域到智能合约、供应链货物追溯、国际贸易为主的应用。随着区块链技术的发展和深化，区块链应用正迎来暴发期。

一、什么是区块链

区块链（见图 2-18）是一种共享的、不可变账本，用于记录交易和跟踪商业网络中的资产。任何有价值的东西都可以在区块链网络上追踪和交易，且可以降低风险和成本。区块链技术使得分布式共识机制成为可能。所谓分布式共识机制，是指参与区块链网络的所有实体都能通过区块链得知交易过程中发生的所有事件，且交易记录不可修改。

图 2-18　区块链示意图

资料来源：AI 生成。

区块链技术最早是由计算机科学家斯图尔特·哈伯（Stuart Haber）和 W. 斯科特·斯托内塔（W. Scott Stornetta）于 1991 年开发。他们提出在数字文档上加盖时间戳，防止文档被篡改，并开发了一个系统，使用加密的安全区块链来存储有时间戳的文档。2008 年，Satoshi Nakamoto 描述了一种去中心化的数字货币系统——比特币，并使用一种名为“区块链”的技术来保证交易的安全性和可信度。自此，比特币成为全球最流行的虚拟货币并开虚拟货币的先河。

业务依赖于信息，信息接收得越快、越准确，效果越好。区块链是传递存储信息的理想途径，因为它提供了存储在不可变账本上的即时、共享和完全透明的信息，只有经过许可的网络成员才能访问这些信息。区块链网络可以跟踪订单、账户等。由于成员对数据的看法是一致的，参与者可以看到交易的所有细节，从而增强信心，并带来新的效益和机会。

技术进步和制造业的快速增长对全球供应链产生了重大影响。例如，人工智能接管质量控制后，物联网设备和无人机可以监控制造和维护过程，全球已有 190 多万台机器人部署在制造和仓储领域。历史上，科技创新以各种方式改造着供应链。例如，20 世纪 80 年代，计算机应用导致了供应链管理的巨大转变。企业越来越多地以计算机进行文字处理、运营管理和会计核算，基于地图界面和灵活的电子表格，制定更高效的物流和供应链规划。

随着科技变革步伐的加快，提高企业供应链的运营效率和透明度至关重要，而区块链技术可以帮助企业简化流程。

二、区块链如何工作

区块链主要有三种结构，分别是任何人可加入的公有区块链、需要得到许可才能加入的私有区块链、公私混合的联合区块链。区块链主要用到以下几个核心技术。

1. 分布式账本技术

分布式账本技术是区块链的核心组成部分，是指将账本数据分散存储在区块链网络中的多个节点，通过共识机制来保证数据的一致性和可靠性。基于分布式账本技术，每个节点都有一个完整的账本副本，当新的交易发生时，被广播到整个网络，并打包成一个区块，再通过共识机制来验证该区块是否合法。如果通过验证，则该区块被添加到区块链上，所有节点的账本同时更新。

企业通过区块链技术跟踪任何交易，从而可以共享文档、个人信息和加密货币。因为账本分布在区块链的所有节点上，所以很难被篡改。更改账本，必须同时在整个网络的每个节点更改记录；否则，网络会识别记录与其他记录不匹配，并将该事务标记为损坏事件。

可以把这项技术想象成一个文档，多人同时查看和编辑，而不是由某一个人锁定和拥有文档。区块链上的每个节点都可以访问和更改，“跟踪更改”始终处于启用状态。

2. 哈希值（Hash）

哈希值（Hash）是指使用哈希函数对数据进行计算得到的固定长度的数字字符串，通常用来表示数据的指纹或摘要。在区块链中，哈希值具有以下几个作用。

确认数据的完整性。哈希值是一种数字指纹，具有唯一性和不可逆性，输入任何数据，都可以计算出唯一的哈希值。因此，区块链中可用哈希值来确认数据的完整性，一旦数据被修改，哈希值就会发生变化，从而可发现数据被篡改。

链接区块。在区块链中，每个区块都包含了前一个区块的哈希值，从而形成了一个链式结构，确保区块链中的数据按照时间顺序排列，且不容易被篡改。

安全验证。在区块链中，哈希值还可以用于数据的安全验证。例如，对数字货币进行转账时，需要使用哈希值对交易进行签名和验证，以确保交易的安全性和可靠性。

总之，哈希值是区块链技术的重要组成部分，哈希值可以确保数据的完整性、安全性和可靠性，同时是区块链去中心化、不可篡改的技术基础。

区块链技术具有以下三个重要特性。

去中心化。区块链是一种去中心化的技术，数据并不集中存储在中心服务器，而是分布于网络中的多个节点。数据更加安全，不容易被攻击或篡改，同时提高了数据的可用性和透明度。

不可篡改。区块链使用密码技术对数据进行加密和验证，每个区块都包含了前一个区块的哈希值，形成一个链式结构。一旦数据被写入区块链，就不可篡改。

智能合约。智能合约是一种基于区块链的自动化合约，可以自动执行合约条款，以及根据预设条件自动执行相应的操作。智能合约可以用于各种场景，如数字货币交易、供应链管理、票据结算等，减少人工干预，提高交易的效率和安全性。

三、区块链的应用与发展

比特币是区块链系统的经典应用。作为第一款分布式账本，比特币是世界上交易量最大的数字加密货币。比特币因为采用了区块链技术，具有以下特点。

去中心化。比特币不受某个机构或个人控制，而是基于网络点对点和共识机制进行管理和交易，交易更为安全和透明。

匿名性。比特币交易不需要实名认证，用户可以使用匿名方式进行交易，保护了用户的隐私。

不可篡改。比特币使用区块链技术，每个区块都包含了前一个区块的哈希值，形成一个不可篡改的链式结构，交易记录无法被修改或删除。

有限供应。比特币总量为 2100 万枚，采用减半机制，每四年减半，具有稀缺性和价值稳定性。

比特币作为一种去中心化的数字加密货币，具有匿名性、不可篡改、稀缺性、价值稳定性和便捷性等特点，已成为全球数字货币市场中的重要一员。此外，比特币解决了双重支付问题，从而使数字化资产变得独特且有价值，引发了数字货币浪潮。

但是，比特币挖矿采用工作量证明（PoW）共识机制，挖矿过程需耗费大量的计算能力，全球比特币挖矿过程能源消耗量甚至超过一些国家的用电总量。高能耗的挖矿方式易导致环境污染和能源浪费，不利于可持续发展。此外，随着比特币挖矿难度的不断加大，挖矿收益也在不断下降。

“股神”巴菲特曾严肃批评比特币挖矿行为。巴菲特认为挖矿是一种毫无意义的活动，2018 年接受采访时表示：“比特币不会生产任何东西。它不是生产企业，它不会提供服务，它只是一个带有游戏性质的工具，它的价值完全建立在下一个人比你更傻且更愿意购买它的基础上。这就是我对比特币的理解。”

在给区块链生态赋予更多价值方面，以以太坊（Ethereum）为代表的去中心化智能合约平台开始崭露头角。智能合约是可以自动认证并执行的合约。以太坊开发者把可执行的程序写进区块中，由于区块链不可更改的特性，当含有程序的区块通过认证加入区块链之后，没有人能够修改这个程序；这些智能合约满足执行条件后，区块链网络上的各个节点会以去中心化的形式自动执行合约。因此，建立在区块链中的智能合约可以为区块链网络上的各方创造一种全新高效的信任体系。以太坊把对区块链的应用从存储数据扩展到数据计算领域，被认为是区块链应用 2.0。

四、基于供应链挑战的区块链解决方案

1. 供应链面临的挑战

供应链缺乏透明性是企业的最大挑战之一。一项对 779 名商界领袖的调查发现，60%的人认为这会给企业带来风险。麻省理工学院运输与物流中心（MIT Center for Transportation and Logistics）、麻省理工学院可持续供应链研究中心主任亚历克西斯 · 贝特曼（Alexis Bateman）表示，供应链透明度有两个重要考量维度。

▲可见性

准确识别和收集供应链所有环节的数据。

▲披露

在内部和外部适度透明地传达信息。

为确定恰当的供应链透明度，企业应考虑行业、法规、道德规范、供应商、客户、供应链历史问题和可接受的风险水平。企业和供应商之间的沟通通常是低效的，这经常导致上游库存管理不善、产品分配不足、需求波动和货物周转缓慢等各种问题。此外，当产品发生问题需要被召回时，不仅经济损失大且对企业品牌形象产生负面影响，因而需要企业追溯产品的原产地和整个供应链条，以更低的成本找到核心原因并加以解决。因此，建立透明度较高的供应链管理系统可以提高供应链效率、降低风险和成本、树立品牌形象。

2. 区块链和供应链：效率和透明度的完美结合

区块链技术支持企业更安全、更透明地跟踪所有类型的交易，对供应链功能的优化提升空间是巨大的。使用区块链，企业可以追溯产品的历史，从其原产地到当前所在地。产品每次易手，交易信息都会被安全记录，从而创建从制造到销售的历史。借助这项技术，各方在一个共享平台上进行合作，可以大大减少与交易相关的延迟、成本和人为错误。中间机构的减少也降低了欺诈风险，即使发生欺诈，全面的记录也便于企业查明来源。共享区块链账本为管理供应链中的信息流、库存和财务提供可靠且不可篡改的审计跟踪。使用区块链，企业可以跟踪发货、管理物流运输和自动化支付。

区块链技术为供应链的可靠性和完整性奠定了坚实基础——效率和透明度。

提升效率。区块链方便企业直接交易，无须借助第三方，从而使供应链更加高效。区块链技术促进了金融和物流服务的进一步整合，推动了利益相关者之间的数据协作。集成的支付解决方案缩短了订购和支付的处理时间，确保了产品的准确、及时运输。此外，区块链和智能合约有助于企业提高合规性，降低了法律风险及费用，并遏制假冒和欺诈行为。

企业可以集成区块链与射频识别（RFID）标签，使用射频设备自动识别和跟踪物品，并存储产品相关信息，在所有权或占有权转移时进行验证，从而提高供应链的自动化程度。当标记有自动扫描 RFID 码的货物到达目的地时，智能合同就完成了。

提升透明度。由于区块链上的记录无法删除，因而有助于建立一个透明的供应链。此外，供应链中的每一步都被安全地记录，意味着物流问题可以很容易地被追溯。采购部件或原材料也是如此，可以追溯其来源，增加问责制和透明度，并可减少非法活动。

一项研究显示，区块链追溯产品来源的能力可能会推动全球生产总值增长 9620 亿美元。提供产品制造商、原产地、转让和使用等信息，可以增加人们对供应链的信任和信心。

五、如何在供应链中运用区块链技术

在了解了区块链技术的特点和优势之后，让我们来关注一下如何在供应链中运用区块链。

1. 了解并确定区块链在供应链管理中的应用

是否在供应链中采用和部署区块链应有令人信服的商业理由。企业应确定区块链是不是企业所要采用的技术。从期望到目标，开始总是很重要，这将决定企业如何在供应链中运用区块链技术。

2. 寻找合适的区块链合作伙伴

要在供应链中运用区块链技术，能否找到合适的区块链合作伙伴至关重要。在供应链中运用区块链技术是一个相互协作的过程，包括数据贡献、审核和第三方共享。

3. 确定最有前景的领域

如果企业考虑将区块链纳入供应链，但不确定从何处开始，那么确定有前景的领域非常重要。企业应选择以下领域：数据在不同的相关方之间共享，电子数据交换（EDI）是一个简单、一致的交易过程，具有明确定义的数据标准等。

4. 实现数据高度集成整合

充分利用区块链技术，需要与现有的技术生态系统、信息系统高度集成整合。

5. 可视化区块链技术

关注区块链技术的可视性，有助于区块链技术在供应链中的运用发展，增加企业的投资收益。

6. 认识区块链技术的波动性

尽管区块链平台的市场规模巨大，但极为分散。企业应该做好准备，学习了解技术领域的变化，并据此进行计划和行动。

7. 探索和检查技术

为了取得最佳效果，探索、检查和测试技术很重要。无论企业选择何种方法，部分试点都是一个很好的测试方法。

六、供应链中区块链技术应用案例

以下案例可说明区块链技术对供应链的巨大作用。

1. 百事可乐公司的区块链 Proton 项目

该项目是一个基于区块链技术的数字供应链平台，旨在优化百事可乐公司与其合作伙伴之间的供应链管理。该项目采用去中心化的区块链技术，使供应链中的各参与方可以共享实时交易数据，从而高效地合作。

该项目的目标是提高供应链的透明度和可追溯性，优化供应链的运营效率。通过使用该平台，百事可乐公司可以更好地管理供应链的原材料采购、生产和物流等环节，实现供应链的精确管理和可持续性监控。

2. 中外运区块链电子提单项目

该项目是中外运集团有限公司旗下的一个基于区块链技术的数字化物流平台，旨在推广和应用电子提单技术，提高物流运输效率和安全性。

传统的海运提单是一种纸质文件，通常需要通过快递或者银行等渠道进行传递和处理，整个过程耗时长、流程烦琐，容易出现丢失或损毁等问题。中外运电子提单项目采用基于区块链技术的电子提单方案，实现了提单信息的数字化、透明化和安全性，从而使海运物流更加高效、快速和可信。

具体来说，中外运电子提单项目利用了区块链技术的去中心化和分布式账本特性，实现了电子提单信息的共享和交换，从而提高了物流运输过程中数据的可靠性和安全性。同时，该项目结合了智能合约技术，实现了提单信息的自动验证和处理，使物流运输的交易处理变得更加智能和高效。

3. 沃尔玛食品信任（Food Trust）项目

沃尔玛的食品信任项目是一个基于区块链技术的数字化食品追溯平台，旨在提高食品安全性和透明度，保护消费者权益。传统的食品追溯体系通常采用人工方式，容易出现信息不对称、数据造假等问题，对食品安全造成潜在威胁。沃尔玛的食品信任项目采用了基于区块链技术的数字化食品追溯方案，实现了食品供应链信息的实时共享和透明化，消费者可以更加了解其购买的食品。

具体来说，该项目利用区块链技术的去中心化和分布式账本特性，将食品供应链的各参与方（如农场、加工厂、配送商、零售商等）的交易数据和信息存储在一个公开的、不可篡改的分布式账本中，使信息可以被追溯，消费者可以查看食品的产地、生产时间、运输路径等各种信息。

此外，该项目还运用智能合约技术，实现了食品供应链信息的自动验证和处理，从而提高了食品追溯的效率和精确度。该项目在全球范围得到了广泛应用和推广，成为区块链技术在食品供应链领域的应用典范，为食品安全和消费者权益保护提供了新的数字化解决方案。

4. 南非 Sappi 公司的绿色追踪（GreenTrack）区块链项目

南非 Sappi 公司的绿色追踪区块链项目是一个基于区块链技术的数字化供应链平台，旨在推广和应用森林可持续管理和生产实践，促进全球森林资源的可持续利用和保护。传统的森林管理和生产通常需要依赖纸质文件和人工操作，容易出现信息不透明、数据造假等问题，对森林资源的可持续利用和保护形成潜在威胁。该项目采用了基于区块链技术的数字化森林管理方案，实现了森林资源信息的透明化和可追溯性，从而使森林资源的管理和生产更加高效和可持续。

具体来说，该项目使用了区块链技术的去中心化和分布式账本特性，将森林资源的信息和数据存储在一个公开的、不可篡改的分布式账本中，使信息可以被追溯，保证了森林资源的持续性管理和生产的真实、可信。该项目还运用智能合约技术，实现了森林资源信息的自动验证和处理，从而提高了森林资源管理和生产的效率和精确度。

Sappi 公司的绿色追踪区块链项目在全球范围得到了广泛应用和推广，成为区块链技术在森林资源可持续管理和生产领域的运用范例，同时为全球森林资源的可持续利用和保护提供了新的数字化解决方案。

5. 大黄蜂海产公司（Bumble Bee Seafoods）的食品全流程追溯

消费者希望更全面地了解其每日购买的食物的制造过程，区块链应用程序能够支持食品供应链的可见性需求。大黄蜂海产公司使用 SAP 云平台区块链服务，追踪黄鳍金枪鱼从印度尼西亚偏远岛屿到零售商的旅程。大黄蜂海产公司认为区块链是在各方之间共享数据的最安全方式，因为该技术具有不可破坏性和可验证特性。基于 SAP 的区块链技术，消费者可以通过智能手机扫描金枪鱼包装袋上的二维码，了解其所购买的黄鳍金枪鱼的原产地和历史信息。该公司首席信息官托尼·科斯塔表示：“这将告诉他们金枪鱼是在哪里捕获的，是如何捕获的，属于什么物种以及是否公平贸易。”

第十一节　信息安全

一、航运巨头遭受的网络攻击

全球航运巨头 CMA CGM 在 2020 年 9 月被勒索病毒 Ragnar Locker 攻击（见图 2-19），CMA CGM 全球运营系统包括公司网站、电子邮件和运营系统等全部瘫痪。攻击者要求 CMA CGM 支付价值 1500 万美元的比特币赎金；否则，将公开其所窃取的数据，并威胁销毁其备份数据。虽然 CMA CGM 最终没有支付赎金，但整个事件给公司造成了巨大的经济损失和声誉损害。

图 2-19　CMA CGM 遭受勒索病毒攻击

资料来源：CMA CGM 官网。

Ragnar Locker 是一种复杂的勒索软件，攻击者使用钓鱼邮件诱使受害者下载恶意软件，再加密目标文件，向受害者勒索赎金以解密数据。Ragnar Locker 具有很强的破坏力和隐蔽性，可以绕过许多安全措施，攻击者在攻击过程中还会窃取受害者的数据。

这起事件引起了全球航运企业的高度警惕，许多船运公司开始加强网络安全措施，以防止类似事件的发生。同时，各国政府和执法机构开始加强对网络犯罪的打击力度，并呼吁全球合作，共同应对网络安全威胁。

全球四大航运公司在过去几年都曾遭受网络攻击。2017 年，马士基被 NotPetya 勒索软件劫持了数周。2020 年 4 月，地中海航运公司遭到一种未命名的恶意软件攻击，导致数据中心瘫痪数天。中远海运 2018 年 7 月被勒索软件攻击，网络被迫关闭数周。这一切意味着，供应链的重要一环——航运若受到网络攻击，会对其业务与运营产生极其重大的影响。

二、针对供应链的网络攻击类型

信息安全是当前企业面临的重要挑战之一。网络攻击不仅可以导致数据丢失、泄露和损毁，还可能损害企业的信誉和声誉，造成巨额经济损失。据福布斯报告，53%的大型企业至少经历过一次由第三方发起的网络攻击，包括数据泄露。据 Cyber GRX 称，由第三方造成的网络攻击平均每次造成 750 万美元的损失。

对于物流供应链企业，网络安全风险令人担忧，很多大型企业都遭受过各种类型的网络攻击。为此，越来越多的企业正在迅速采用各种类型的数字技术，如物联网、机器学习和人工智能算法/软件应用程序，以优化其供应链管理和相关运营。但这些新技术，通常也是网络攻击的重要目标。网络攻击的类型层出不穷，如勒索软件、恶意软件、病毒、网络钓鱼、黑客攻击和在线攻击等。网络攻击的类型主要有以下几种。

1. 恶意软件攻击

恶意软件攻击（Malware Attack）是通过计算机病毒、木马、间谍软件、广告软件等恶意软件侵入计算机系统，造成系统瘫痪、数据泄露、敏感信息被盗窃等安全问题。恶意软件通常是由攻击者编写并发布到互联网的一种程序，目的是入侵计算机系统，获取非法利益，如窃取敏感信息、勒索财物等。恶意软件攻击是当前最为常见和危险的网络攻击手段之一，其危害不仅限于个人用户，对企业、政府等机构组织的安全与稳定也构成了极大威胁。

2020 年 12 月，SolarWinds 遭受恶意软件攻击是全球最严重的恶意软件攻击事件之一。攻击者利用 SolarWinds Orion 软件的漏洞，将恶意代码注入软件中，并将这个版本的软件发给了 SolarWinds 的客户，从而实施了广泛的攻击。这次攻击事件被称为 SolarWinds 供应链攻击，影响了超过 18000 个用户，其中包括美国政府机构、军方、情报机构以及众多全球 500 强企业。攻击者成功地窃取了敏感数据，且有可能在系统中留下后门，以便未来进行更多的攻击。

2. 勒索软件攻击

勒索软件攻击是另一种常见的网络攻击，攻击者通过在受害者计算机上安装恶意软件，加密其重要文件然后要求其支付赎金以进行解密。攻击者通常会要求以加密货币作为赎金，以保持匿名性。勒索软件通常以欺骗性电子邮件、恶意软件下载或漏洞利用等方式进入受害者的计算机系统，并在计算机上加密文件或阻止访问文件，从而使受害者无法继续正常工作。攻击者通常会向受害者施以时间压力，并威胁删除文件或公开私人信息来促使受害者支付赎金。勒索软件攻击已成为当前威胁互联网安全最为普遍的网络攻击类型之一。

Colonial Pipeline 是美国最大燃油管道商之一，该公司 2021 年 5 月遭受一次勒索软件攻击。攻击者 DarkSide 团队通过入侵该企业，并将该公司的电脑系统和数据加密，要求企业支付价值 500 万美元的比特币作为赎金以解密数据。该公司最终决定支付赎金，以便尽快恢复业务运营，避免燃油短缺和价格上涨对全美能源市场产生更广泛的影响。

该事件引起全球企业对信息安全的关注，因为 Colonial Pipeline 是美国最大的燃油管道运营商之一，负责输送大量的燃油和天然气到美国东海岸地区。这一次攻击导致其管道系统被迫关闭数天，对全美能源市场和公众生活造成了重大影响。该事件凸显了供应链安全的重要性，体现了勒索软件攻击对于重要基础设施和企业的威胁，以及对其业务运营、品牌形象和信任关系的破坏力。

3. 数据泄露

数据泄露，是指个人或实体在没有获得授权的情况下获取、披露或使用机密或敏感数据的行为。这种攻击可以对个人、组织或国家的隐私、安全和财务状况造成重大损害。数据泄露可以通过多种方式进行，如黑客攻击、网络钓鱼、内部攻击、数据泄露事件等。攻击者可以获取包括个人身份、信用卡信息、医疗记录、商业机密等在内的敏感数据。泄露的数据可能被出售，用于诈骗或其他非法用途。

数据泄露的可能后果包括：个人信息被盗用、金融损失、声誉损害、知识产权侵犯等。对于组织和企业而言，数据泄露可以导致法律诉讼、业务中断、财务损失和声誉受损等后果，甚至可能导致企业破产。为了防范数据泄露，企业需要采取应对措施，如使用强密码、更新软件、限制访问权限、定期备份数据、加密敏感数据等。同时，还需要持续监测和识别可能的安全漏洞和攻击。

2017 年，美国信用评级公司区可菲（Equifax）发生了一起严重的数据泄露事件。黑客入侵了该公司的网络，获取了超过 1.4 亿美国公民个人身份信息，包括姓名、社会安全号码、出生日期、地址等敏感数据。这意味着黑客可以利用这些信息进行身份盗窃、欺诈和其他犯罪行为。据报道，黑客可能是利用 Equifax 一个未修补的漏洞入侵系统的。该公司被指责没有及时修复漏洞，也没有采取足够的措施来保护用户数据。此外，该公司一些高管被指控在数据泄露后利用内幕信息出售公司股票，进一步引发了公众对该公司的不满和质疑。这起数据泄露事件给 Equifax 造成了严重的声誉损害和经济损失，同时对受到牵连的人们造成了不可逆转的伤害。该事件凸显了数据安全的重要性，提醒企业需要采取更有力的措施来保护数据免受攻击和防止泄露。

4. 基于物联网的信息安全攻击

基于物联网的信息安全攻击是指攻击者利用连接到互联网的智能设备，如家居设备、医疗设备、工业控制系统等，通过相关设备的漏洞或弱点进行恶意活动的行为。由于许多 IoT 设备具有弱密码、缺乏安全更新、数据不加密等问题，更容易成为攻击者的目标。

基于物联网攻击的可能情形如下。

弱保护的物联网设备攻击。基于物联网的设备攻击通常需要设备连接到互联网，并成为信息安全攻击的常见目标。攻击者可以通过未经保护的设备访问网络并获得敏感信息，如账户信息和机密数据。此外，攻击者也可以通过远程控制物联网设备来破坏设备或干扰业务流程，给企业造成经济损失。

医疗设备的攻击。攻击者可以通过医疗设备的漏洞，如操纵设备，窃取患者的隐私、更改患者记录等，对患者造成危害。

工业控制系统的攻击。攻击者可以利用工业控制系统的漏洞，更改设备参数、关闭生产线、盗取敏感信息等，对工业生产过程产生危害。

由于物联网设备数量的爆炸式增长，这种类型的攻击将使未来信息安全面临重大挑战。为了确保物联网设备的安全，需要制定更完善的安全标准，加强设备更新和漏洞修复，同时强化设备的管理和监控。随着物流供应链企业在越来越多的场景中使用各种类型的传感器并将它们连接到互联网，黑客将有更多可攻击的目标。因此对企业来说，确保物联网设备的信息安全防护至关重要。

2016年，一起被称为“Mirai”的物联网攻击案件引起全球关注。该攻击利用了大量未经保护的物联网设备（如摄像头、路由器和数字录像机等）的弱点，将这些设备变成了僵尸网络，以进行分布式拒绝服务（DDoS）攻击。Mirai攻击的影响范围广泛，包括一些大型网站及服务商的宕机，如亚马逊、Twitter、GitHub和Netflix等。据报道，攻击造成的经济损失高达数百万美元。

这次攻击的主要诱因是许多物联网设备厂商没有采取足够的安全措施，如默认密码的使用和弱加密算法，致使攻击者能够轻松地破解安全屏障，并通过物联网设备的弱点来攻击其他系统和服务。这次攻击引起了人们对物联网设备安全的广泛关注，促使设备制造商和服务提供商更加重视物联网设备的安全性。

三、信息安全与安全策略

针对网络攻击的场景类型及其影响，下面重点介绍预防网络攻击的措施或策略。

1. 完善政策

为确保网络信息安全，企业应该明确数据安全、信息共享、访问和授权政策，并由信息安全人员监控数据，明确企业设备需要安装的安全协议。此外，企业还应与合作伙伴商讨具体信息安全要求，采取适当的网络安全防范措施。为此，企业可以聘请具有供应链管理经验的专业网络安全专家，为企业提供建议和指导，帮助企业开发量身定制的安全方案。这些措施有助于企业快速建立可靠的安全屏障，确保信息安全并减少相关风险。

2. 强化企业员工培训

强化员工信息安全培训可以大幅度减少企业信息安全风险。具体方法如下。

定期的安全培训。定期为员工提供信息安全方面的培训，包括如何识别垃圾邮件、如何创建强密码、如何避免社交攻击等。

模拟钓鱼攻击。通过模拟钓鱼攻击引导员工识别和避免恶意邮件和链接。这有助于员工树立风险意识，引导其学习识别和避免这些网络安全风险。

组织企业内部的黑客攻击。通过组织企业内部的黑客攻击来测试和评估员工的安全意识和应对能力，帮助企业判断哪些员工需要加强培训和提供支持。

建立安全文化制度。通过建立安全文化制度，提高员工信息安全意识，使其认识到保护企业的信息和数据安全是每个人的责任。

加强与外部机构的合作。企业须与安全机构加强合作，以接受最新的安全培训和资讯，定期接受安全评估和建议。

通过培训，帮助员工了解信息安全风险和如何避免这些风险，有利于企业降低信息安全威胁和风险，营造更加安全的工作环境。

3. 定义数据访问协议

制定和定义明确的数据访问协议，是企业减少供应链信息安全风险的重要措施，具体要求如下。

明确定义数据访问规则。企业应该明确规定员工可以访问哪些数据，以及何时可以访问。为此，企业可以通过制定一个基于角色的访问控制（RBAC）模型来实现上述目的，确保只有具有相应权限的人员才可以访问敏感数据。

限制供应商和第三方访问。企业需要对供应商和第三方访问企业数据有所限制，并确保其遵守企业的安全标准和协议。企业可以要求对方签署保密协议，明确数据使用和保护的责任。

培训供应商和第三方。企业应该向供应商和第三方提供相关的信息安全培训，以确保其了解企业的安全标准和协议，以及在处理数据时如何保护信息的安全。

监控数据访问。企业应该定期监控数据访问，以确保员工和供应商基于访问规则进行操作。这可以通过安装监控工具和分析软件来实现，以便即时发现异常并采取必要的措施。

定期审查和更新协议。企业应该定期审查并更新数据访问协议，以确保协议与信息安全保护及业务需求相适应。同时，企业应该关注法规和标准的变化，并及时更新协议。

通过制定数据访问协议，并确保员工和供应商遵守协议，可以降低企业的信息安全风险，保护企业数据的安全。

4. 更新信息系统，建立风险管理机制

供应链信息安全风险可以通过更新信息系统来防范，大量网络攻击都与信息系统的缺陷漏洞有关。建议做以下处理。

及时更新系统和软件。企业应该及时更新信息系统和软件，以确保系统和软件不因漏洞而被攻击利用。

使用最新的安全软件和工具。企业需及时安装最新版本的杀毒软件、防火墙、反间谍软件和入侵检测系统等，有效防范恶意软件和网络攻击。

加强身份验证和访问控制。企业要确保只有经过身份验证的用户才能访问敏感信息，且只能访问用户所需的信息。

加密数据。企业要对核心数据进行加密以保护数据的机密性和完整性，即使数据被窃取，攻击者也无法读取或更改数据。

实施安全审计和监控。企业应定期实施安全审计和监控，检测和防范潜在的消息安全威胁，如未经授权的访问、异常活动和网络攻击。

识别风险和建立应急响应计划。企业应提升识别风险和威胁的能力，并建立应急响应计划，以确保发生安全事件时快速有效地响应和恢复。

综上所述，企业可通过更新信息系统和软件、使用最新的安全软件和工具、加强身份验证和访问控制、加密数据、实施安全审计和监控，以及建立应急响应计划，降低供应链信息安全风险。

四、供应链网络安全实用举措

为了防范供应链网络安全风险，一些优秀企业采取了以下安全措施。

- 每个 RFP 和合同都包含安全条款，以警示供应商安全是企业的首要关注点。
- 一旦与供应商成为合作伙伴，企业安全团队就应立即与其展开合作，确保其遵守企业信息安全协议。
- 为开发人员建立安全软件开发计划并进行培训，确保所有的开发流程都考虑到信息安全风险。
- 软件和硬件都需有安全链接，启动过程必须进行身份验证；若无法验证，系统则不会启动，以确保系统的安全。
- 强化供应链网络安全合作，确保网络安全是开发、流程和工具的一部分，以确保安全的全面性。
- 对供应商的访问进行严格控制，对软件的访问仅限于可信赖供应商，以减少安全风险。

企业供应链数字化升级是提高其运营效率、稳定性和整体表现的重要途径，但在没有可靠安全协议的情况下进行数字化升级，易给网络罪犯提供可趁之机。因此，为了保证供应链的安全有效运行，企业必须为上下游合作伙伴建立有效的信息安全标准，并定期审计确保其有效执行。

第十二节　边缘计算

一、边缘计算的发展

边缘计算（Edge Computing）起源于21世纪初期，传统的云计算模型存在一个问题：将所有的数据集中在远程的数据中心进行处理，导致数据延迟、引发网络带宽问题。为了解决这一问题，研究人员开始探索将计算和数据处理能力移动到更接近终端用户的设备和网络边缘，这是边缘计算的开端。边缘计算大致经历了以下几个发展阶段。

集中式边缘计算阶段：21世纪初期，边缘计算主要关注如何在数据中心附近的网络边缘提供更高效的计算和存储服务。这一阶段的代表技术是内容分发网络（CDN），通过将数据缓存在离用户更近的边缘服务器上，以提供更高效的数据传输和更快的响应。

分布式边缘计算阶段：2010年左右，随着物联网和智能制造等技术的出现，边缘计算开始向设备和网络边缘移动。这一阶段的代表技术是雾计算（Fog Computing），将计算和数据处理能力移动到设备和网络边缘，以提供更高效的数据处理和更低的延迟。

智能边缘计算阶段：2015年左右，随着人工智能和机器学习等技术的发展，边缘计算开始向更智能化方向发展。这一阶段的代表技术是雾计算（Mist Computing），通过将AI模型移动到设备和网络边缘，提供更智能化的数据处理和分析能力。

在过去几年，边缘计算已经成为一种趋势。随着物联网、智能城市和智能制造等领域的迅速发展，对数据分析和计算能力的需求不断增加。边缘计算通过将数据处理和计算能力移动到设备和网络边缘，克服了云计算模型的局限性。同时，边缘计算还能够保证更高效的数据处理、更低的延迟和更可靠的数据安全性。

边缘计算的典型应用场景包括物联网设备、移动设备、自动驾驶汽车等。例如，一辆汽车可以在内部使用边缘计算技术进行实时分析，以便在遇到紧急情况时快速采取措施。同样，物联网设备可以使用边缘计算技术对数据进行实时处理，以便及时响应环境变化。

边缘计算技术还可以保护数据隐私和安全。传统的中央化计算方法需要将数据传输到中心服务器进行处理，很容易受到网络攻击，导致数据泄露。通过将数据处理转移到边缘设备，不仅可以减少这种风险，同时还可以更好地保护用户的隐私。

边缘计算未来的发展趋势如下。

加速本地化计算能力的普及。边缘计算将数据处理的重点从中央服务器转移到本地设备，使本地设备拥有了更强的计算能力。随着边缘设备和传感器的普及，越来越多的数据将在本地处理和存储。

AI 和物联网技术的融合。随着人工智能技术的不断发展，将物联网设备与人工智能技术相结合，基于边缘计算能够进行更智能的数据处理和决策。例如，智能城市可以使用边缘计算提高交通流量管理和环境监测的效率。

大规模部署边缘计算。大型公司和组织开始大规模部署边缘计算技术，以加速数据处理和提高工作效率。

增强数据安全性。由于大量的数据处理和存储在本地设备和边缘节点上完成，数据的安全性变得至关重要。未来的发展趋势是将安全性嵌入边缘计算的设计中，采取更多的安全措施来保护数据。

5G 技术的应用。随着 5G 技术的普及，边缘计算将得到广泛应用。5G 技术提高了网络速度和响应速度，从而加速边缘计算的部署和应用。

总之，边缘计算是信息技术的发展趋势，既带来了更快、更安全、更可靠的数据处理和存储方式，也将带来更多的挑战和机遇。随着技术的不断创新和发展，边缘计算将成为信息技术的重要组成部分，并为物联网、工业互联网、智慧城市等领域提供更高效的解决方案。

二、边缘计算的组件

边缘计算是一种分布式计算模型，将计算和数据处理推送到离数据来源更近的边缘设备。这样可以减少网络延迟、提高数据处理效率，并降低数据传输的带宽成本。以下是边缘计算涉及的重要组成部分和相关技术。

边缘设备。边缘计算的核心是将计算和数据处理推送到离数据来源更近的设备，包括传感器、物联网设备、移动设备和智能网关等。

网络。边缘计算需要可靠、高速的网络来连接边缘设备和云端服务。其中，5G 网络有望成为边缘计算的重要基础设施。

数据存储。边缘计算需要在边缘设备上存储和管理数据，以支持实时分析和决策。常见的数据存储技术包括本地存储、缓存和分布式存储等。

边缘计算平台。边缘计算平台是一种软件或硬件平台，能够提供边缘计算的相关服务，如数据处理、安全性、可靠性和管理等。常见的边缘计算平台包括 AWS IoT Greengrass、Microsoft Azure IoT Edge、Google Cloud IoT Edge 等。

安全性。边缘计算需要保证数据的安全性，防止数据泄露、恶意攻击和非法访问等。常用的安全技术包括身份验证、加密、访问限制等。

人工智能和机器学习。边缘计算需要支持人工智能和机器学习算法，以实现更高级别的数据分析和决策。常见的人工智能和机器学习技术包括深度学习、卷积神经网络、决策树等。

三、边缘计算与智能卡车运输

边缘计算和智能卡车运输之间有着密切的联系。智能卡车指通过先进的传感器、通信和控制技术，将汽车转变为能够感知和分析环境，自主决策和行驶的智能化系统。

边缘计算为智能卡车运输提供了重要支持。智能卡车运输需要快速响应路况变化、进行实时决策和数据处理，而边缘计算可以将计算和数据处理推送到离车辆更近的边缘设备，从而提高数据处理效率和降低延迟。同时，边缘计算还能够为智能卡车运输提供更加安全的通信和存储方案，以保证车辆和驾驶员的安全。

具体来说，边缘计算在智能卡车运输中可以发挥以下作用。

数据处理和分析。边缘计算可以使车辆进行实时数据处理和分析，包括传感器数据处理、语音和视频处理等。

实时决策。边缘计算可以帮助智能卡车在运输途中进行实时决策，如路线规划、自动驾驶控制等。

安全性。边缘计算可以提供更加安全的通信和存储方案，以保护车辆和驾驶员在行驶中的安全。

数据共享。边缘计算可以实现车辆之间的数据共享，提高智能卡车的整体性能和效率。

因此，边缘计算是智能卡车运输发展不可或缺的一部分，可以帮助智能卡车驾驶更加高效、安全和智能。

四、边缘计算在物流供应链中的应用场景

边缘计算在物流供应链中有许多潜在的应用场景，具体如下。

物流运输实时监控。通过在物流车辆上部署传感器和摄像头，边缘计算可以实时监测车辆的运输状况，如车辆的位置、速度、温度等数据，并将这些数据传输到边缘设备进行实时分析和处理。不仅可以提高物流运输的效率和可靠性，还可以降低运输成本和风险。

货物追踪和管理。边缘计算可以通过物流仓库和物流中心的传感器和

RFID 技术，实时追踪和管理货物的位置和状态，并在边缘设备上进行实时数据处理和决策。这样可以提高物流供应链的可视性和透明度，强化货物的安全性和可追踪性。

物流配送智能化。边缘计算可以帮助物流企业实现物流配送的智能化，如实时路况分析、智能配送路线规划、自动化配送等。企业基于边缘计算技术可以提高配送效率和准确性，降低物流成本和减少环境污染。

物联网设备管理。边缘计算可以帮助物流企业管理物联网设备，如传感器、摄像头、RFID 等。企业基于边缘计算技术可以实现对设备的远程管理和监控，提高设备的可靠性和安全性，同时减少设备维护成本和工作量。

高级预测性维护。企业基于边缘计算技术可以进行预测性维护，帮助企业实现设备故障的预防和降低维护成本，通过部署传感器和其他物联网设备可实时收集设备的运行数据，如温度、振动、电流、电压等数据。将这些数据传输到边缘设备进行实时分析，基于历史数据和实时数据构建机器学习模型，可预测设备故障和检测异常。基于边缘计算技术，企业可实时监测设备的运行状态，识别异常情况并即时报警，对设备的故障进行快速鉴定，减少维修时间和成本。

未来，随着边缘计算技术的发展和应用场景的变化，将有更多的创新和应用涌现。根据 Gartner 最近的一份报告，目前只有 10%的企业系统采用边缘计算技术，预计到 2025 年使用率将提升到 75%。

五、边缘计算应用案例

目前，对数据及时性要求高或拥有敏感数据的很多场合，如医院、工厂和零售点，已经开始广泛应用边缘计算。边缘计算技术的引入为各行各业带来了极大的发展空间，如在客户服务、营销、生产或后台运营等方面。在许多情况下，边缘计算可以提升企业的主动性和适应性，从而为用户提供更加优质的服务。例如，通过在实体店引入实时数据分析和提高算法能力，边缘计算可以将数字世界带入现实世界，从而改善用户消费体验。

1. 案例分享：马士基

马士基是全球领先的运输和物流企业，通过使用边缘计算技术大大优化了业务流程和提高了效率。马士基2019年启动了数字化转型计划，该计划将数字技术和边缘计算技术整合到公司的物流和运输业务中。

马士基大量使用边缘计算技术，使其物流和运输过程更加智能化，实现了运输过程中的即时数据处理和分析，从而提高了马士基物流和运输业务的效率和准确性。

马士基货运码头使用边缘计算技术优化了集装箱操作与管理。马士基通过在集装箱上安装多种传感器和边缘设备，实时收集集装箱的位置、温度、湿度、振动、光线等数据。这些数据经由边缘设备进行处理，并通过无线网络传输到云端。马士基基于多种传感器和边缘设备，确保了集装箱的安全和运输稳定，并通过边缘计算实现对集装箱的实时监控。边缘设备可以检测到集装箱内的异常情况，并通过云端的软件系统快速响应和解决。例如，当边缘设备检测到集装箱中温度过高时，边缘设备可以自动调整集装箱内的温度控制系统，确保货物的安全运输。

此外，边缘计算技术使马士基能够更好地规划码头的集装箱管理，从而最大限度地降低了码头运营成本。边缘计算技术还使马士基的货物装卸时间更少、准确性更高，从而提高了效率、降低了成本。边缘计算技术还帮助马士基实时监控货运码头的设施和设备，并预测和避免可能出现的故障和问题，从而减少停机时间和维修成本。

马士基计划在其码头建设私有5G网络，并在波士顿Verizon创新中心展示了计划蓝图。对于马士基来说，大量安装物联网传感器和设备将彻底改变其码头的运营状况。过去，集装箱中的货物必须进行检查并在纸上记录；展望未来，这一过程将全部自动化、数字化。例如，马士基的数据科学团队尝试为安装在集装箱内的计算机视觉设备编写算法，使全天候监控货物并识别质量问题成为可能。

2. 案例分析：惠而浦（Whirlpool）利用边缘计算优化供应链

惠而浦是全球领先的家用电器制造商，在全美有多家分销中心，这些分销中心日常运营使用大量不同类型的移动设备。过去，该公司使用电子表格来管理所有设备。随着时间的推移，数据输入、准确性和跟踪变得越来越困难。各分销中心的管理团队经常被包括设备丢失、设备电池续航、无法及时更新设备以及缺乏有效的设备性能数据指标等问题所困扰。

惠而浦决定与工业技术服务组织（IST）合作，使用移动计算公司Zebra 提供的技术。这些技术包括移动计算机、VH10 车载计算机和 Zebra 可视化管理系统（OVS）。采用这些边缘技术后，惠而浦运营团队能够实时了解所有设备的位置与运行情况，持续监控并管理包括电池性能、设备利用率、所在位置、配置、可用库存等各种信息。随着相关解决方案的部署，惠而浦极大地提高了资产管理效率，在短短两个多月时间里，就节约了将近 63%的投资成本。

第三章　供应链发展趋势与创新解决方案

第一节　供应链可视化

一、供应链可视化的要点、系统整合、适用行业及价值

供应链可视化是指将供应链涉及的各个环节、数据和信息以可视化方式呈现，帮助企业更好地了解和掌握供应链的运作情况。通过使用数据分析、数据可视化等技术手段，将供应链各个环节的数据以图表、报表、地图等形式呈现，便于企业快速了解供应链运营面临的瓶颈、风险和机会等信息。

供应链可视化可以帮助企业管理者更好地了解库存、生产、采购、物流等，从而有助于其更好地掌控整个供应链。此外，供应链可视化，有助于企业预测市场需求、优化运营流程、降低成本、提高效率，从而取得竞争优势。

1. 供应链可视化与企业的合作伙伴

企业供应链的每个环节都与其上下游合作伙伴有着紧密的联系，而供应链可视化有利于企业更好地强化这些联系，从而实现供应链的优化管理和协同发展。通过供应链可视化，企业可以更好地掌握供应链各个环节的信息和数据，包括供应商的供货情况、库存水平、生产进度、物流运输等，以及顾客的需求、购买行为等。通过可视化手段直观地呈现这些信

息，可使企业更深入地了解整个供应链的运作情况，及时发现问题并采取措施。

同时，供应链可视化有助于企业优化与上下游合作伙伴之间的协作。通过供应链可视化，企业可以更好地协调供应链各个环节的信息流和物流，从而提高供应链的效率和协同性。此外，供应链可视化可以帮助企业及其上下游合作伙伴更好地预测市场需求、优化供应链的库存和物流、降低成本，提高整个供应链的竞争力。

2. 供应链可视化的系统整合

一个高质量的供应链可视化方案，必然要与企业上下游合作伙伴的系统进行有效整合。

要实现供应链可视化及与上下游合作伙伴系统的整合，企业需要对各个环节的信息系统进行整合，实现数据共享和信息传递。通过将各个环节的信息进行整合，并以可视化的方式展示，企业可以深入地了解整个供应链运作情况，及时发现问题并采取措施解决。

同时，供应链可视化可以帮助企业和其上下游合作伙伴强化协作。例如，在物流管理方面，企业可以通过供应链可视化将运输信息、货物跟踪信息与物流企业进行整合，实现物流信息的实时共享和协同管理。如此，企业可以大大提高物流运作的效率，降低物流成本，提高供应链的运作效率和竞争力。

供应链高度可视化的制造商可以从源头跟踪原材料，直至其最终到达制造工厂，并转化为产品。客户购买了产品，也能够看到其所购产品的位置和运输状态，直至交付。当客户发起退货程序，反向供应链可视化使企业可跟踪退货，在其到达履约中心时办理交接并记录。

因此，供应链可视化与企业上下游合作伙伴系统整合是相辅相成的。只有对各个环节的信息系统进行整合和协同管理，企业才能够更好地掌握供应链的运作情况，提高协作效率、降低成本，从而取得竞争优势。

3. 供应链可视化适应性

几乎所有的行业都需要进行供应链可视化，特别是涉及物流、供应商和客户的业务。具体如下。

制造行业。通过供应链可视化，制造型企业可以深入了解原材料的采购、加工、生产、库存、配送和售后服务等环节的情况，从而实现对生产过程的优化和控制。

零售行业。进行供应链可视化，零售型企业可以深入了解产品的供应、配送、销售和售后服务等环节的情况，从而实现对库存管理和市场预测的优化和控制。

物流行业。通过供应链可视化，物流企业可以深入了解货物的来源、目的地、运输、装卸等环节的情况，从而实现对物流作业过程的优化和控制。

总之，供应链可视化可以为企业提供更好的管理和决策支持，从而提高运营效率、降低成本、提高质量和增强竞争力，各行各业都能够从供应链可视化中获益。

4. 供应链可视化的价值

供应链可视化可以帮助企业更好地了解供应链状况，发现和处理供应链问题，从而提升企业整体运营能力。利用可视化工具，企业可以更清晰地监控供应链的各个环节，如物流运输、供给、库存管理、订单处理等，从而实现跨部门合作与协调，强化供应链数字化管理。另外，供应链可视化还可以帮助企业分析及预测变化，以便及时调整供应链结构，进行实时分析，节省时间、降低成本，提高供应链的运营效率。具体而言，供应链可视化可给企业带来以下价值。

提高效率和降低成本。通过对供应链的可视化监控和分析，企业可以深入了解整个供应链的运作情况，发现供应链运行的瓶颈和问题，以便及时采取措施优化流程，提高效率并降低成本。

增强灵活性和可靠性。通过供应链的可视化，企业可以更好地掌握供应链上下游情况，及时调整生产计划和库存状态，应对市场需求变化和风险，增强灵活性和可靠性。

提高产品质量和服务水平。借助供应链可视化，企业可以即时跟踪产品的质量和服务的水平，发现问题并采取措施。客户都期望商家快速交货，并能够全流程跟踪订单的进度。因此，供应链可视化可提高服务水平，增强客户满意度和忠诚度。

优化与合作伙伴的关系。企业借助供应链可视化可以优化与合作伙伴的关系，及时发现和解决问题，提高合作伙伴的参与度和贡献力，实现共赢。

提高决策支持能力。借助供应链可视化，企业可以准确掌握供应链的整体运行情况和趋势，为企业的决策提供数据支持和参考，提升决策的准确性。

确保供应链运作合规。当前，国际供应链运营面临越来越严格的监管要求，包括不断变化的贸易协议、采购规则和关税政策。供应链可视化能够帮助企业提升供应链的合规性。

提升企业竞争力。供应链运营成本占了企业运营总成本很大一块，供应链运行效率直接影响到企业的利润水平。供应链可视化可帮助企业发现并解决整个链条中的低效环节，从而提升竞争力。

二、供应链可视化的实施步骤

为提高供应链可视化水平，企业在选择确认方案时应遵循以下步骤。

1. 选择合适的供应链可视化解决方案

供应链可视化软件既有简单的单点产品也有包含数十个模块的套件，

基于这些软件可将供应链物流功能与企业的ERP、CRM等核心后端系统集成。选择合适的供应链可视化解决方案需要考虑以下几个方面因素。

企业自身的需求。要明确企业的需求，包括可视化的供应链环节、信息的细节和粒度、数据的来源和格式、分析功能和工具等。

技术平台。选择合适的技术平台，包括供应链数据采集、处理和存储技术，可视化分析和展示技术，系统集成和安全技术等。

成本效益。企业需考虑供应链可视化解决方案的成本效益，包括实施和维护成本、ROI（投资回报率）和TTC（总体拥有成本）等。

合作伙伴的支持。企业应与供应链合作伙伴协作，选择符合双方需求和技术标准的解决方案，确保系统整合和信息共享的顺畅和安全。

可扩展性和灵活性。企业要考虑供应链可视化解决方案的可扩展性和灵活性，包括支持企业的业务增长和变化、支持新的技术和标准、支持新的需求和场景等。

综上所述，选择合适的供应链可视化解决方案，企业需要综合考虑需求、技术平台、成本效益、供应链合作伙伴的支持、可扩展性和灵活性等，经多方面评估和比较后作出正确决策。

2. 关注流程改进

在推进供应链可视化的过程中，企业应该同时对供应链流程进行改造。供应链可视化不只是将原有的流程从线下转为线上，企业应该考虑改进优化原有供应链流程，使供应链流程进一步优化。具体要求如下。

确定改进目标。企业在推进行供应链可视化之前，需要明确流程改进的预期目标和关键指标。根据供应链的整体策略和目标，确定需要改进的环节和优先级，制定具体的改进计划和时间表。

收集和分析数据。企业应使用可视化解决方案收集和分析供应链相关数据，了解整个供应链的运作状况和瓶颈。同时，结合企业的目标和需求，制定相应的改进措施。

设计改进方案。企业应基于数据分析结果，设计改进方案，包括改进流程、技术、工具和方法等。在设计方案时，企业需要与相关部门及合作伙伴沟通和协调，确保方案的可行性和协调性。

实施和监控改造。企业在实施改进方案的过程中，需要对流程进行实时监控和评估，以确保改进效果和目标的达成。同时，企业需要根据实际情况调整方案，不断改进和优化供应链流程。

培训和推广。改进方案实施后，企业需要进行相关培训和推广，以确保新流程的有效运行。同时，企业需要定期评估和监控流程的效果和绩效，不断改进和优化供应链流程。

综上所述，实施供应链可视化方案时要同时进行流程改造，做好改进目标确定、收集和分析数据、设计改进方案、实施和监控改造、培训和推广等方面的工作，不断改进和优化供应链流程。

三、供应链可视化方案分享

1. Project44

Project44 是一家美国物流技术公司，成立于 2014 年，是供应链可视化领域的领先者。该公司通过开发和提供物流可视化解决方案，帮助客户实现端到端的可视化、自动化和智能化供应链管理。

Project44 的主要优势如下：

领先的物流可视化技术。Project44 开发了一套高效、智能的物流可视化技术，通过物联网、云计算和人工智能等手段，实现对整个供应链的实时监控和追踪，提高供应链的可靠性和透明度。

联系紧密的合作伙伴网络。Project44 与众多供应链及其上下游合作伙伴建立了紧密的合作关系，已经与全球超过 6000 家运输公司和物流服务提供商建立了合作关系，并整合了数百万个运输和物流设备，包括卡车、集装箱、船只、飞机等。

强大的数据分析能力。Project44 通过数据挖掘、分析和建模等手段，帮助客户深入了解供应链的状况和发展趋势，提供数据驱动的供应链管理决策支持。

开放的生态系统。Project44 开放其 API 平台，通过 API 及其他技术手段实现数据的共享和交换，可提高供应链的协同性和效率。

2. GT Nexus

GT Nexus 是一家全球化供应链管理软件公司，为全球数千家客户提供云端平台以优化供应链运营。GT Nexus 的优势如下：

全球性供应链网络。GT Nexus 的平台连接了全球超过 30000 个供应链方面的合作伙伴，覆盖了近 100 个国家和地区。GT Nexus 的全球性供应链网络可帮助企业更好地协调跨国运输、管理全球供应商、协同跨国贸易。

云端平台。基于 GT Nexus 的云端平台，企业可以随时随地访问和管理供应链，无须在本地安装任何软件，提高了企业供应链的工作效率和数据可靠性。

精细化的供应链可视化方案。GT Nexus 提供了精细化的供应链可视化方案，能够帮助企业更好地跟踪和监控货物的运输和交付状态，及时解决潜在的问题，从而提高运作效率和顾客满意度。

强大的供应链协同能力。GT Nexus 的平台可以实现供应链上下游企业之间的协同，从订单管理到库存管理、运输管理和财务结算等环节都可以实现数字化的协同，降低了误差并提高了生产效率。

GT Nexus 的优势在于其全球性的供应链网络、云端平台、精细化的供应链可视化方案和强大的供应链协同能力，可帮助企业优化供应链运营、降低成本、提高效率。

3. DocuAI Argus 的 Z 客户国际物流可视化方案

DocuAI Argus 为十多家国际物流供应链企业提供了智能解决方案和可

视化解决方案，Z 客户是全球领先的消费电子产品制造商和供应链管理企业，供应链足迹遍布全球，营业额超过 20 亿美元，每年运送集装箱超过 80000 只，为消费电子产品和电子设备提供国际物流和供应链综合解决方案。自 2022 年初开始，DocuAI 为 Z 客户部署国际物流可视化方案，具体内容如下。

- 海运货物节点跟踪。跟踪海运货物的位置和状态，超过 30 个节点：包括是否放箱、提空箱、进港、海关放行、码头放行、提交 VGM、海关查验、离港、停靠中转港、抵港、卸船、还空等。
- 空运货物节点跟踪。跟踪空运货物位置和状态，包括订舱、进舱、报关、配载、起飞、中转、抵达、收单、卸货、清关、到达通知、提货等节点。
- 美国码头数据节点整合。
- 美国进口清关，包括到港、结关、申报、舱单匹配、海关放行、转移到港口等。
- 美国铁路跟踪，包括铁路装运、位置、卸货状态。
- 美国陆运状态可视化，跟踪美国陆运交付到门的状态和位置。

Z 的目标是为其内部和客户提供一套从出场到仓储、港口、海关、海运、空运、目的地海关码头、火车和陆地卡车的可视化解决方案，提升其内部和客户的全程可视化管理能力。

第二节　供应链管理关键绩效指标（KPI）

供应链管理是企业管理的核心环节，任何企业的供应链运营都需要与其供应商、合作伙伴协同，企业需要有效地进行供应链运营，确保供应商能够提供高品质的服务。通过关键绩效指标管理各种流程和合作伙伴，能够确保供应商顺利、有效和一致地交付产品或服务。当供应链效率低下时，会严重阻碍企业的业务发展和为客户提供价值。因此，有效地监控和优化相关供应链管理指标至关重要。

一、KPI

KPI 是一组量化指标，能够帮助企业评估一段时间内的业务绩效。具体来说，KPI 能够帮助企业监控组织实现目标的效率。供应链管理关键绩效指标是衡量供应链绩效的重要工具，可以帮助企业评估其供应链系统的效率、可靠性和效益。例如，企业可以通过跟踪交付时间、库存水平、生产效率等指标来评估供应链系统的运营情况，并采取相应的改进措施。建立供应链 KPI 体系能帮助企业有效监控供应链的运行情况和效率，从而确定需要改进的流程，并在以下业务领域产生重要价值，包括订单处理、库存管理、采购和供应商管理、生产/制造、仓储、运输等。

在绩效评估中使用关键绩效指标，可对业务活动进行有效的数字化管理与评估。如果绩效出现波动，或者朝着错误的方向发展，企业可以快速做出反应。当 KPI 始终达到或超过要求的水平时，企业可以适时提高标准。

二、供应链管理的 15 个 KPI

以下是企业在日常供应链管理中常用的绩效指标，当然供应链管理绩效指标远不止这些。企业应根据自身的管理需求，确立合适的 KPI。

1. 资金周转天数（资金周转率）

资金周转天数反映了企业一定时期内资金在供应链中的循环天数。资金周转天数越少，表明企业供应链运作效率越高，收入投入比越高，财务管理越有效。企业可通过采取相应措施，如精细化管理、改进库存控制、提高质量等，来降低供应链的资金周转天数。影响资金周转天数的主要因素包括库存天数（DOI）、应付账款天数和应收账款周转天数。

2. 订单履约率

订单履约率是一项衡量供应链效率的指标，反映了一定时期内企业履行订单的准确率。设置订单履约率指标有助于企业掌握订单处理的情况，提高客户满意度，及时发现和解决订单处理中的问题。订单履约率的提高有助于企业及时发货、提高客户满意度、提升品牌形象，产生更多的营收。订单履约率越高越好，是客户对企业忠诚度的直接反映。

3. 应收账款周转天数

应收账款周转天数是一项衡量供应链动态效率的指标，反映了一定时期内企业应收账款的周转率。它可以帮助企业了解现金流动的快慢，以及是否存在账款拖欠的问题。它还可以帮助企业了解客户的付款行为，以及企业账款管理的有效性。较低的指标值意味着企业能够在更短的时间内收回应收账款。这一指标值越高，说明企业通过赊账方式向客户销售产品，获得收入的时间越长，企业的财务状况和现金流越不健康。

4. 存货周转率

存货周转率又名库存周转率，是企业在一定时期内销货成本与平均存货余额的比率，用于反映存货的周转速度，即存货的流动性及存货资金占用是否合理。设置存货周转率指标可促使企业在保证生产经营连续性的同时，提高资金的使用效率，增强企业的短期偿债能力。存货周转率是衡量企业生产投入、存货管理水平、销售能力的综合性指标。

5. 投资毛利回报率

投资毛利回报率是衡量供应链投资效率的主要指标，反映了企业投资供应链活动的毛利回报率。它可以用来评估供应链的投资效率，以及是否带来预期的回报；也可以帮助企业评估投资活动的效率，并决定是否继续投资。企业应该努力让每一项商业活动获得最佳的投资回报（ROI）。

6. 仓储成本

仓储成本是指企业存储物料和产品支付的费用，包括仓库租金、安装改造费用、保管人员工费、设备和材料费用等成本。企业可以通过精细化仓储管理，节省资金、提高供应链效率。高效的仓储管理对于建立健康的供应链至关重要，企业要充分了解仓储所有运作过程，引入有效的管理操作，并在需要时进行调整，定期评估以减少不必要的成本。

7. 供应链总成本

供应链总成本是指企业在生产、分销和零售过程中支出的所有成本，包括生产成本、运输成本、仓储成本、管理成本和销售成本等。通过这一指标，企业可了解供应链的成本结构，以便优化供应链运作，降低供应链成本，提高营收。企业在降低供应链成本的过程中，需要考虑供应链各个环节的相互影响。例如，企业通过提高卡车的速度和载重降低运输成本，但这会增加安全隐患。一个基准是将自己与竞争对手进行比较，以确定是否需要进行调整。

8. 供应链成本与销售比例

供应链成本与销售比例是指企业供应链成本与商品销售额的比例。这一指标可以帮助供应链管理者了解供应链成本和收益之间的关系，以便找出优化供应链的途径。通过改进供应链管理，企业可以降低供应链的总体成本，从而提高效益。

9. 准时发运率

准时发运率用以衡量企业是否能够在规定的时间内完成货物的发运。准时发运率是一个重要指标，它反映了企业的运输效率、质量控制能力、对客户的支持度，以及对最终用户的服务水平。准时发运率指标可促使企业改善生产线流程，确保按时发货，提高客户满意度。

10. 交付时间

交付时间是指从客户订购商品到商品交付客户所需的时间。设置交付时间指标可以督促供应链管理者及时了解客户的需求，以便调整供应链操作以满足客户的需求。企业需依据订单正确及时备货，并在合理的时间内送达目的地。

11. 退货原因

退货原因指标可帮助企业了解客户退货的动机，是具有重要价值的电子商务信息。企业通过客户退货原因信息了解运营过程中的问题，可帮助企业分析供应链关键环节，并持续优化，降低退货率、提高利润、改善现金流。

12. 库存销售比率

库存销售比率是指企业库存总金额除以销售总金额的比率。库存销售比率指标可以帮助供应链管理者衡量库存的有效利用程度，评估并优化库存管理能力，以确保有效地分配库存，满足客户的需求。

13. 库存速率

库存速率是企业在特定时间内销售的产品数量与库存量之间的比率。该指标可以帮助企业了解产品的需求情况，从而及时补充库存或减少存货，以满足客户的需求。库存速率指标可以帮助企业监控其仓储成本，把仓储成本控制在合理的范围内。通过优化库存水平，企业不仅能有效满足消费者需求，还能防止库存占用过多资金。

14. 库存供货天数

库存供货天数是指在当前库存水平下，企业库存可以供应多少天。该指标可以帮助供应链管理者衡量企业库存管理的效率，确保以合理的库存水平保障产品的供应。库存供货天数指标给企业提供了一个预计：如果产品没有补充，库存多长时间用尽。

15. 计费精确度

计费精确度反映了一定时期内企业计费的精度和准确性。该指标有助于企业正确结算，减少错误，提升供应链的运作效率。提高计费精确度可减轻企业的财务负担，避免计费错误损失，实现资金的有效管理。

得益于在线数据可视化工具，越来越多的企业可通过建立供应链管理仪表板，实现对供应链管理绩效 KPI 的日常管理。

例如，可以将库存销售比率和库存周转率结合起来，整合库存的持有成本，便于明确库存准确性和缺货情况等。

第三节 供应链控制塔

供应链管理常存在以下问题：①缺乏各段费用基准，如国内拖车、末端车驾、拥堵等收费标准；②缺少船司、船次的选择标准；③缺乏在途状态的有效跟踪方法；④缺少在途异常的有效介入措施。这些痛点会导致企业的物流成本居高不下、派送不及时、断货缺货严重，同时某些商品库存积压严重。

2020 年开始的新型冠状病毒感染疫情让全球供应链变得越来越复杂，舱位、拖车、箱子、船员等物流资源短缺，运费忽高忽低。如何实时收集必要的数据来监控供应链全链条的运行情况？供应链控制塔为企业提供了有效管理端到端供应链的方法。

一、何为供应链控制塔

供应链控制塔是虚拟数字世界对现实世界供应链的一个完整映射，以及基于这些信息组建的整套管理体系。

供应链控制塔（Supply Chain Control Tower，SCCT）是一种管理工具（见图 3-1），用于帮助企业监控和协调整个供应链的各环节，以确保供应链的高效运转和减少不必要的支出。控制塔通常基于数据分析、实时监控和预测模型等技术手段，帮助决策者做出更准确、更快速的决策。它为企业提供了一个可视化平台，可以帮助企业更好地管理全球端到端供应链。

图 3-1　供应链控制塔

资料来源：AI 生成。

在 20 世纪 80 年代，随着全球经济的快速发展，越来越多的企业开始关注供应链管理。当时，供应链管理主要集中在产品采购、生产和销售等环节。随着企业的发展壮大以及全球布局，供应链的复杂程度在不断提高，企业需要更高效、更全面的工具来管理整个供应链。

随着信息技术的发展，供应链控制塔概念应运而生。供应链控制塔系统通过集成端到端供应链的所有类型数据，帮助企业更好地管理供应链。它提供了一个可视化平台，便于企业更好地了解供应链的运行状况，并更快地做出决策。

供应链控制塔的主要功能包括供应链可视化、预测和规划、风险管理、协调和执行。其中，供应链可视化是指通过采集各种数据，如供应商、运输商、仓库、订单等数据，并将这些信息整合到一个面板上，以便供应链管理人员实时掌握整个供应链的运作情况。预测和规划是指通过对历史数据和实时数据的分析，生成预测模型和规划模型，以帮助管理人员做出准确的决策。风险管理是指对供应链的各种风险因素进行识别和分析，并采取相应的措施来弱化风险对供应链的影响。协调和执行是指对整个供应链的各个环节进行协调，确保供应链高效运转。

到了21世纪初，供应链控制塔发展迅速。随着云计算和大数据技术的普及，供应链控制塔变得更加强大。基于大数据分析和人工智能技术，供应链控制塔可以帮助企业提早发现供应链的问题并即时预警，帮助企业以最低成本解决问题。

供应链控制塔的优点主要有：实现供应链的可视化和透明化、提高供应链的敏捷性、减少供应链的延迟和成本、提高客户满意度、提高供应链的整体效率和效益。另外，供应链控制塔还可以帮助企业实现供应链智能化管理，通过数据分析和预测模型，优化整个供应链的运作。

但是，供应链控制塔也面临一些挑战和限制。首先，供应链控制塔需要大量的数据源支持，如果数据来源不全或数据质量不佳，就会影响供应链管理的效率。其次，供应链控制塔具有高度集成性和协调性，需要与各种不同的系统和应用进行集成，否则难以实现对供应链的全面掌控。最后，供应链控制塔的建立和运营需要较多的资金和技术支持。

二、供应链控制塔与供应链绩效管理

供应链控制塔和供应链绩效管理KPI之间有着密切的关系，两者相互补充和支持。供应链控制塔是一种管理工具，用于监控和协调整个供应链的各个环节，以确保供应链的高效运转和减少不必要的支出；供应链管理KPI则是用来衡量和评估供应链的表现和绩效。

供应链控制塔可以帮助企业实现供应链的可视化和透明化，并提高供应链的敏捷性和效率。通过采集和分析各种数据，如供应商、运输商、仓库、订单等数据，供应链控制塔可以帮助企业实时掌握整个供应链的运作情况，并生成预测模型和规划模型，以助力管理人员做出准确的决策。供应链管理KPI是用来评估供应链绩效的重要指标，如交货准时率、库存周转率、订单履约率等。

通过供应链控制塔和KPI，企业可以全面地了解整个供应链的运作情况，并及时发现和解决问题。例如，当控制塔监测到某个环节出现异常情况时，通过KPI来评估问题的影响和严重程度，并采取相应的措施加以解决。此外，供应链控制塔和KPI结合使用还可以帮助企业实现供应链的连续改进，提高供应链的绩效和效率。

供应链控制塔和供应链管理KPI是相互关联的两种工具，可以助力企业实现全面、准确、高效和智能的供应链管理。企业可以根据需求和特点，选择适合自身的供应链控制塔和KPI，并结合使用，以优化供应链管理。

三、供应链控制塔的价值

供应链控制塔作为一种监控和协调供应链各个环节的管理工具，其价值体现在以下几个方面。

提高供应链可视化和透明度。供应链控制塔通过采集和整合各种数据，实现供应链的可视化和透明化。企业基于数据可以实时掌握整个供应链的运作情况，了解各个环节的状况，及时发现和解决问题。

改善供应链决策和规划。供应链控制塔能够生成预测模型和规划模型，帮助企业制定更加准确和合理的供应链决策和规划。例如，控制塔可以通过分析供应商的交货记录和库存情况，预测供应商未来的交货情况，从而有助于企业合理安排生产计划和进行库存管理。

提高供应链敏捷性和效率。企业通过供应链控制塔可以更加灵活地响应市场需求和变化。当供应链出现异常情况时，企业能快速做出响应，并采取相应的措施进行调整和协调，从而降低供应链的延迟和成本。

降低供应链成本和风险。供应链控制塔能够帮助企业全面了解供应链的成本结构和风险因素，从而降低供应链的成本和风险。例如，控制塔可以通过分析运输成本和交货准时率等指标，评估供应链的成本和风险因素，并制定相应的优化措施。

四、供应链控制塔需整合的数据

大数据是供应链控制塔的神经中枢，在强大的机器学习技术帮助下，供应链控制塔能够向供应链的利益相关者即时提供信息和建议，并向企业供应链管理人员提供可视化分析。供应链控制塔通常需要收集和整合的数据包括以下几类。

反映需求类数据。包括销售订单、采购订单、库存和生产计划等数据，这些数据可以用于预测需求和制定生产计划。

供应商数据。包括供应商的基本信息、质量评估、交货能力、价格、合同等数据，这些数据可以用于评估和选择供应商，并监测供应商的交货表现。

物流数据。包括运输路线、物流成本、运输时间、货运量等信息，这些数据可以用于优化物流管理，提高运输效率和降低物流成本。

库存数据。包括库存水平、库存周转率、安全库存等信息，这些数据可以用于优化库存管理，降低库存成本和库存风险。

生产数据。包括生产计划、生产进度、生产效率、质量控制等信息，这些数据可以用于优化生产计划和生产过程，提高生产效率和质量。

质量数据。包括供应商和产品的质量评估、产品检验、客户反馈等信息，这些数据可用于评估和改进产品质量，提高客户满意度和忠诚度。

五、建立供应链控制塔的难点及联想集团的成功经验

建立供应链控制塔是一个复杂的过程，企业可能会面临以下困难。

数据来源和整合。供应链控制塔需要整合各种不同类型的数据，包括供应商、生产、物流等方面的数据，并将这些数据进行适当处理和分析。

然而这些数据分布于不同的系统和平台，数据格式和质量也可能存在差异。因此，数据来源和整合是建立供应链控制塔的一个关键。

技术支持和投资。企业建立供应链控制塔，需要考虑采用哪种供应链控制塔技术、如何配置服务器和软件、如何管理数据安全等问题，这些都需要相应的投入和支持。

组织和文化变革。企业建立供应链控制塔，需要内部各个部门配合和协调，需要在组织层面进行相应变革，如明确责任、职责和沟通渠道等，以确保供应链控制塔正常运作。

人员培训和技能提升。建立供应链控制塔需要相关人员具备相关的技能和知识，如数据分析、供应链规划、项目管理等。企业需要培训和提升内部员工的技能和能力，以支持供应链控制塔的建立和运作。

供应商等合作伙伴关系管理。供应链控制塔需要与各供应商和合作伙伴进行协作和沟通，以确保供应链的正常运作。企业需要考虑如何维护和管理与供应商等合作伙伴的关系，确保供应链控制塔能够有效地运作。

综上所述，建立供应链控制塔需要面对多重困难和挑战，企业只有进行全面规划和准备，才能顺利建立和运作供应链控制塔，进而提升企业的供应链管理水平和竞争力。

联想是一家年营业额超过 3500 亿元的全球化、多元化企业，服务全球 180 多个国家和地区，累计服务超过 10 亿用户。联想集团通过建立供应链控制塔，实现了对全球供应链的实时监控和管理。联想集团的供应链控制塔整合了多个重要业务流程，包括物流、采购、生产和库存管理等，实现了对供应链的全面控制。供应链控制塔的实施使联想集团可以更好地管理全球供应链，提高了供应链的效率和可靠性，降低了供应链的风险和成本。

供应链控制塔可以帮助企业实现供应链的可视化、透明化，提高供应链的效率、敏捷性和质量，从而增强企业的竞争力、提升市场地位。

第四节 物流供应链业务流程外包

一、什么是业务流程外包

业务流程外包（Business Process Outsourcing，BPO）是指企业将一些非核心的业务流程（如人力资源、财务会计、客户服务等）委托给第三方服务提供商，由外包服务提供商进行管理和运营。外包服务提供商基于技术、工具和流程提供高效、低成本的业务流程服务，帮助企业实现业务流程优化和降低成本。

在业务流程外包模式下，企业不再需要投入大量的资源去开展这些业务，可以将精力放在核心业务上，从而提高了企业的竞争力。同时，企业可以通过业务流程外包获取高质量的服务和更好的用户体验。

值得注意的是，业务流程外包需要企业对外包服务提供商进行精准选择和管理，确保外包服务的质量和稳定性。同时，企业需要保护其机密和敏感信息，并与外包服务提供商建立明确的服务级别协议（SLA），以确保服务达到预期的水平。

根据 Gartner 的报告，“预计 2023 年 BPO 全球市场价值达 1545 亿美元，未来五年年复合增长率为 3.5%，BPO 市场将由机器人过程自动化、数字服务和人工智能驱动”。

BPO 服务依据地理位置可分为以下几种类型。

境内外包。企业雇佣位于同一国家的 BPO 服务提供商，称为国内/境内外包。

离岸外包。企业在另一个国家雇佣 BPO 服务提供商，称为离岸外包。

二、BPO 对企业的价值

降低运营成本。企业将任务外包给服务提供商，可以减少甚至消除间接成本，不需购买 IT 设备并雇佣更多员工。

提升运营效率。外包服务提供商具有相关领域的丰富经验，同时结合使用最新技术，自然具有更高的效率和更好的表现。

关注核心业务。企业尤其是初创企业，将非核心流程转移到 BPO 公司，可以让企业有更多精力和时间投入主要业务。

有助于全球拓展。对于决定进军海外市场的企业，需要拥有熟悉当地市场、法律，熟练掌握当地语言的团队和人才，而很多企业并不具备。将业务流程转包给适当的 BPO 公司，有助于企业快速扩张。

供应链流程包括采购、仓储、物流、生产和销售等，BPO 可以使企业集中精力于核心业务，将非核心业务交给专业的供应链服务提供商，从而有助于企业提高效率和降低成本。供应链服务提供商通常拥有丰富的经验和资源，可提供更好的供应链解决方案，帮助企业管理和优化供应链。

三、影响 BPO 的技术

人工智能。人工智能技术能够降低企业运营成本，同时提高服务交付效率。企业使用自动化系统，大多数环节无须人工干预。

统一通信。统一通信（UCaaS 解决方案）被认为是 BPO 机构最重要的通信交付能力。由于业务流程外包机构需要与其客户进行大量的远程沟通，质优价廉的通信至关重要。统一通信手段包括视频会议、语音电话、实时消息、音频会议、移动应用程序等。

超自动化（Hyperautomation）。超自动化系统也被称为智能自动化，BPO 机构基于人工智能、智能聊天机器人为客户提供更好的服务体验。自动化系统和人工监督的结合，可助力服务提供商打造一流服务。

大数据分析。数据分析能够帮助企业做出明智的决策，并改善客户体验。在大数据加持下，企业可以获得准确的数据，从多个层面开发业务。

四、选择业务流程外包服务供应商应关注的重点

选择合适的业务流程外包服务供应商是一项重要决策，需要考虑多个因素。企业应重点关注业务流程外包供应商以下方面。

经验和专业性。选择具备丰富经验和专业背景的供应商，可以提高 BPO 服务的质量和效率，减少风险和差错。

服务范围和技术能力。选择服务范围和技术能力符合要求的供应商，确保满足企业的需求，并在技术方面提供专业支持。

安全性和合规性。确保供应商有严格的数据安全和隐私保护政策，并符合适用法规的要求。

成本效益。选择价格合理、性价比高和收费透明的供应商，以确保 BPO 服务成本可控。

服务级别协议（SLA）。与供应商达成明确的服务级别协议，以确保服务质量和稳定性，并可提供相应的补救措施。

服务支持和沟通。选择服务支持和沟通能力良好的供应商，以确保可及时解决问题并保持长期合作。

供应商声誉和信誉。了解供应商的声誉和信誉，包括客户评价和反馈。

五、物流供应链 BPO 服务案例分享

1. Esker 数字文档 BPO

Esker 是一家全球领先的数字化文件处理服务商，提供从下订单到支

付所有环节文件外包服务。Esker 在全球十多个国家拥有办事机构和团队，为全球客户处理重复性文件，其客户大多数是全球 500 强企业。

所有订单和发票（PDF、电子邮件、传真等）均由 Esker EDI Services 处理（数据 AI 识别，数据提取和验证）。经过验证的文档均以客户所需的格式进行处理，并集成到客户的 ERP 系统。全流程对客户是透明的，客户可以订购其需要的格式，并从 EDI 提供的服务中受益。

2. 道刻智能（Tren Tech）

Tren Tech 位于中国上海，专注于国际供应链和国际物流行业，基于“AI+RPA”技术国内领先的智能文档方案和服务提供商。公司团队大都拥有丰富的国际物流尤其是国际货代操作和流程经验，对国际物流货代的需求、痛点和特性非常熟悉。强大的多功能快速打标平台 Composer 可以在 5~10分钟内打标完成国际物流领域文件模板，如提单、箱单、发票、托书、产地证、报关单、签收单、合同、信用证等，单据识别准确率高达 99%。Tren Tech 开发的智能审核平台，可帮助客户更快更准地对文档进行审核。

Tren Tech 是基于新技术驱动的文件 BPO 服务提供商，建立了以机器为主、员工为辅的服务模式，机器承担了 60%~80%工作量，降低了人工成本，提高了业务产能。Tren Tech 专注于国际供应链、国际物流等垂直领域，对行业业务熟悉，样本效率和准确率高。

除上述之外，还有以下物流供应链 BPO 服务案例值得参考。

可口可乐将浓缩液的生产外包给 50 多个国家的 100 多家供应商，从而使可口可乐能够专注于核心业务——开拓市场和销售产品。

沃尔玛将其全球物流和运输管理外包给第三方服务提供商，助力沃尔玛保持低成本，扩大市场竞争优势。

耐克使用 BPO 机构管理其库存和供应链运营，专注于其核心业务，即设计和营销产品。

IBM 将其人力资源、财务和会计业务外包给印度和菲律宾等国家的第三方服务商。

通用汽车公司将其工程和设计运营业务外包给中国和印度等国家的第三方服务商。

微软将其客户支持和技术支持运营业务外包给菲律宾等国的第三方服务商。

第五节 可持续供应链

日新月异的科技创新对供应链的可持续发展产生了巨大影响，离开科技来谈可持续供应链是不可思议的。下面重点说明科技创新如何赋能供应链可持续发展。

一、材料创新重构供应链

原材料创新对供应链的重构分为两个方向：一个方向是氢能和燃料电池技术，大规模储能技术，碳捕捉、利用和封存等技术颠覆式创新；另一个方向是动力电池回收、餐厨垃圾处理技术和新型污水处理技术等改进型创新。

有应用场景技术才可能有市场，我们可关注其对应产业所处的生命周期而判断其市场前景。光伏、新能源汽车等技术属于优先推广普及项，而对那些产业前景广阔但技术不成熟或短期见效慢的新技术，应采取技术培育与储备方式，待时机成熟后再行规划。表 3-1 为部分技术的优先发展顺序。

表 3-1 各种技术的优先发展顺序

优先级	能源替代	源头减量	回收利用	节能提效	工艺改造	碳捕捉
高	光伏、新能源汽车	先进核能技术	电器电子产品回收、垃圾分类	—	—	—
中	风电、固态电池，家用和移动储能、物理储能	合成生物、分布式可再生能源	废钢利用、再生铝	暖通智能控制、运输协同	装配式建筑、智能电网、新材料	—
低	面向可再生能源消纳的电化工	碳移除、太阳辐射管理	汽车拆解、电池材料回收	低碳区域供暖	特高压、生物降解塑料、精准农业	碳捕获和封存

针对化石燃料使用产生的温室气体，常见的减排方法包括提高能源利用效率、二氧化碳捕集与封存（CCS）、清洁能源替代等。目前，碳捕捉与封存技术被认为是短期之内控制温室气体排放最重要的技术之一，迄今美国已经拥有 10 座大型设施，可捕获超过 2500 万吨/年的二氧化碳。同时风力发电作为清洁能源的重要生产方式，开始受到重视（见图 3-2）。

图 3-2 海上的风电场

资料来源：AI 生成。

二、“人工智能+机器学习+智能算法”

人工智能和机器学习正在改变各行各业，到 2027 年，供应链方面的 AI 市场规模将达到 180 亿欧元，2019—2027 年市场复合年均增长率为 39.4%。人工智能与机器学习技术可对供应链中多个不同的数据集进行策划和分析，并支持同步和协作运输。这意味着在整个运输过程中使用实时数据系统，智能算法可以选择最具成本和环保优势的交付方法。根据普华永道和微软的数据，人工智能可以帮助人类在 2030 年将全球温室气体排放量减少 4%，相当于减少排放 24 亿吨二氧化碳。

人工智能和机器学习技术可以多种方式确保供应链的可持续性发展，具体如下。

改进需求预测。机器学习通过算法和基于约束的建模来识别供应链的模式和影响因素。这种基于丰富数据的建模有助于企业做出明智的库存决策。

优化路由和物流配送。AI 驱动的路由优化软件可以从所有可能性中创建最有效的路由，最大限度地减少碳足迹。

提高车辆的性能和使用寿命。人工智能和机器学习技术通过分析数据，可预测车辆的机械故障，减少维修时间和排放。

目前，算法方面的布局有四个方向：一是计算机视觉，也就是机器人识别物品，尤其是对重叠物品的识别；二是机械臂的控制和运动规划，即如何将物品从 A 点移动到 B 点，且规划出最快、最短的路径；三是移动和多机协作，移动机器人在给定的区域自主移动、自主导航、自主避障、自主充电等；四是人工智能技术的应用，当遇到新场景，机器人可通过深度学习进行视觉训练，快速识别新的场景。

先进的智能算法架构平台，有效结合了 AI 数据驱动技术与传统运筹优化能力，可以实现产品的高弹性、高柔性、高安全、高实时、多目标时间空间组合优化。在此算法架构下，研发出来的产品可以赋能仓内、仓外、碳排放追踪与优化等核心场景，助力建设绿色健康、经济可持续的供应链。

三、供应链可持续发展案例

UPS 在途综合优化与导航就是一个例子，说明了人工智能/机器学习模式可帮助供应链变得更可持续。通过最小化转弯，该模型优化了路线，以确保用油量最少。由于这项计划，UPS 每条路线缩短了大约 8 公里，每年节省了 1000 万加仑油。UPS 每年减少的碳排放相当于 2000 万辆汽车的排放量。

IPE 于 2018 年开发了蔚蓝生态链工具（见图 3-3）。2021 年，IPE 进一步升级蔚蓝生态链解决方案，提升了环境管理的效率和效能。蔚蓝生态

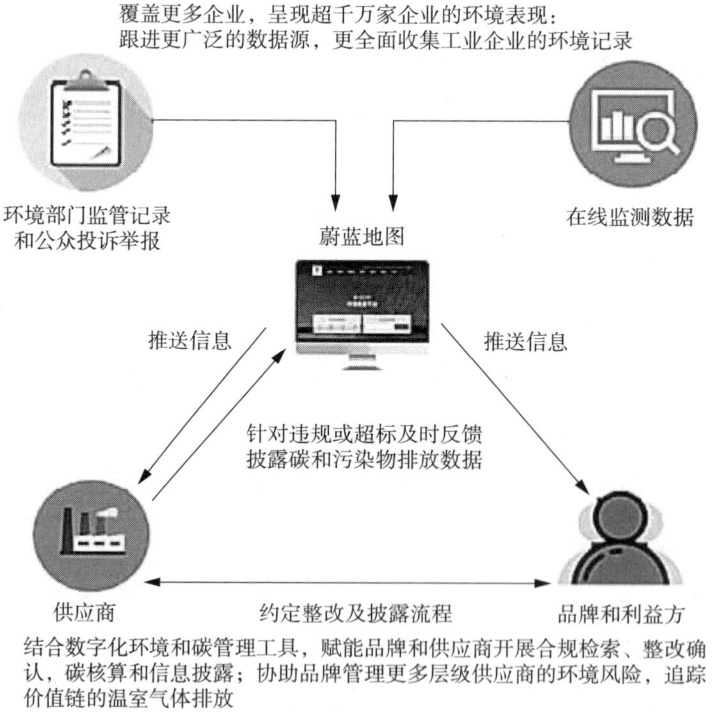

图 3-3　蔚蓝生态链

资料来源：公众环境研究中心（IPE）。

链基于蔚蓝地图数据库，助力品牌持续提升供应链，协助品牌大规模追踪在华供应链的环境合规表现；通过蔚蓝地图 App 和邮件即时获取供应商环境违规和整改措施的推送提示，大幅提高了供应链管理效率。

四、工业物联网

据相关调查数据，超过三分之二部署了工业物联网解决方案的企业注意到环境得到持续性改善。通过智能物联网技术，企业可以优化机器性能并实现维护自动化，减少了能耗并消除了冗余流程。具体来说，物联网可以改善仓库管理、车辆跟踪、库存控制、车辆维护和环境可持续性。

统计数据显示，到 2025 年，全球工业物联网市场规模将达到约 910 亿欧元，相比 2017 年几乎翻了一番。国际海事卫星组织强调物联网解决方案在全球经济中的重要性，预计 2023 年将帮助企业增加 10%的年收入。

工业物联网可以通过多种方式助推创建可持续供应链，具体如下。

提前识别供应链问题。配备物联网传感器的机器可以提前识别和解决问题，防止其对企业供应链运营产生影响。

减少浪费。嵌入物联网的传感器可以监测产品的状况，如热量和湿度，有助于确定产品是否有缺陷。

确保仓库工人的安全。物联网技术可以帮助企业避免发生相关工作事故。例如，计算机系统可以替代仓库工人处理有潜在危险的重复性工作。

让运输更省油。物联网可帮助企业规划最省油的物流作业路线，减少“最后一公里”的碳排放。

例如，一个多站路径规划可以创建最佳分拣和包装路线，还附带跟踪应用程序以实时跟踪车辆。

消除人为差错。物联网技术可自动收集粒度级别数据供管理层参考，以提高决策效率。

五、智能传感器

供应链中的智能传感器可以监测车辆实时位置、温度、压力等。应用智能传感器可以收集和获取企业生产运营中的碳排放数据，生成碳足迹信息，帮助企业制定节能减排方案并在线监测和实施。例如，企业通过安装监测废水或废气排放的仪器，政府部门可实现在线监管、在线执法。

同时，智能传感器提升了管理可视性，减少了维修成本和维护停机时间，并基于改进的需求规划提供实时库存跟踪。此外，它加强了产品的生存周期管理，提高了客户满意度。

全球智能传感器市场正以每年19%的速度增长。供应链技术的进步有助于实时监控车辆温度、位置、压力等，提升整个供应链的管理可见度，从而降低成本、提高资产管理效率，最大限度地提高运营效率，延长产品生命周期，改善客户体验。

六、机器人和自动化

根据Stattista的数据，到2026年，全球仓库自动化市场预计将达到248亿欧元；到2027年，材料处理和物流领域的移动机器人市场价值估计为620亿欧元。根据MHI行业年度报告，约32%的供应链专业人员使用了机器人和自动化技术。

除了提高生产率和产品质量之外，应用机器人和自动化技术有利于制造商降低劳动力成本，增强生产的可持续性。使用机器人和自动化技术最大限度地减少了人为错误，提高了操作效率，并减少废弃物。机器人可以拣选、打包、举重物、移动货架、管理纸质文件档案等。

此外，使用机器人可以实现供应链的碳中和。基于机器人的操作系统，在交付管理软件的帮助下，企业可以自动进行任务分配和执行，节省更多的能源。例如，消除不必要的车辆空转或根据有效载荷能力和尺寸，将工作分配给合适的机器人。

七、公共云企业资源规划工具（ERP）

随着大型公共云提供商工作效率的提高，在公共云上运行 ERP 可以最大限度地减少企业的碳排放。

ERP 将实时财务和运营数据整合到一个平台，有助于供应链管理人员识别现有的痛点，管理人员只需要一个互联网链接即可监控供应链的运作。

一些专注于环境保护的公共云 ERP 系统可自动计算产品和组织的碳足迹，帮助企业快速估算每种业务活动的排放成分，并确定可产出最大效益的领域。

例如，假设某月某销售团队在其常规活动中使用了 27000 加仑的汽油，并将这些信息保存于 ERP 云系统中。如果该系统具有计算碳足迹的功能，则知道消耗 1 加仑汽油的操作特定排放因子是 8887 乘以 0. 001 吨二氧化碳（假设 ERP 使用美国环境保护署作为操作特定排放因子的数据源），即该销售团队某月的常规活动共产生大约 240 吨的二氧化碳排放量。

类似的逻辑还可以应用于消耗电力的办公室活动，或消耗天然气的加热仓库等。

ERP 所在地很重要，因为软件运行也有碳足迹。根据埃森哲的研究，如果所有企业都使用公共云系统，每年减少的温室气体排放量相当于 2000 万辆汽车的排放量。

可持续性解决方案最好运行在企业内存数据库和 ERP 系统，这些系统可以管理、处理和分析大数据，以便企业更好地决策。

八、区块链

以区块链等技术为支撑的原材料可追溯、可循环的溯源系统云端分享，实现了原材料生产全流程的数字化、可视化和碳排放数据的透明化。

企业必须准确、反复地收集和跟踪可靠、可信的数据。在供应链运营的任何阶段，区块链技术都可以提供全面的纵向供应链数据，为了解产品的历史提供更好的视野，同时改善冗余和瓶颈等问题，降低企业的资源消耗。

正泰物联网园区通过在正泰（乐清）物联网传感器产业园部署和应用碳监测平台并进行碳排放数据的自动核算，经过汇总、分析和报告，摸清了工业园区能源整体碳排放结构及园区内 14 栋楼宇、10 余家企业碳排放情况，使碳资产更清晰、碳管控更到位。

创建绿色供应链是一个漫长过程，需要各方的支持。此外，可持续发展作为创造利润的一种手段，对社会和环境产生积极影响。创新解决方案是一种不损害利润且对人和环境不造成负面影响推动发展的方法。

第六节 绿色包装

据美国环保署统计，每年各种包装产生超过 7000 万吨城市固体垃圾，约占垃圾总量的 30%，占所有家庭垃圾的 65%。消费者每花 10 美元购买的商品，就有 1 美元是商品的包装成本。此外，回收垃圾的成本约为每吨 30 美元，将垃圾运到垃圾填埋场的成本约 50 美元/吨，焚烧垃圾的成本为 65~75 美元/吨。同时，焚烧垃圾还会向大气释放有毒气体。

亚马逊、美国邮政、联邦快递和 UPS 等公司每天都要运送数百万个包裹，仅亚马逊一家每年就运送 50 亿个 Prime（首要）包裹，每天运送 1300

多万个包裹，其中工业包装占了很大一部分。这些包裹用起来非常方便，但对环境并不友好，如塑料包装，既不能生物降解，也不可回收。很多包装，如汽水罐和瓶子拉环，会增加商品包装成本。

可喜的是，42%的消费者表示，由回收或可持续材料制成的包装更符合其日常购买习惯。57%的消费者表示，他们愿意为环保包装支付更多费用。

一、绿色包装

绿色包装，也称为可持续包装，基于使用环保材料和制造技术减少能源消耗，减少包装对环境的污染。绿色包装使用可生物降解或可回收材料，而不是塑料和泡沫塑料等。

可生物降解和可回收材料是绿色包装的重要材料，包括生物塑料或植物基塑料、再生纸、消费后产品等，如回收的散装袋。目前市场上使用的绿色包装主要有以下几类。

1. 淀粉基生物材料

在过去十年里，人们对淀粉基生物材料特别是以玉米淀粉为材料的包装兴趣显著增加。尽管它与塑料有许多相似的特性，但以玉米淀粉为主的包装材料比塑料包装更环保。它的用途非常广泛，如制造苏打包装瓶、填充包装材料。在黄石公园等美国国家公园，酒店和小屋常使用基于玉米基的可生物降解材料建造设施。

2. 其他植物基生物材料

聚乳酸（PLA）是一种可生物降解塑料，由乳酸制成。它可以代替传统的石油基塑料，聚乳酸通常来自农业废弃物，包括玉米、甘蔗或甜菜浆中的植物淀粉。可口可乐的植物环保瓶（Plant Bottle）由另一种植物基包装材料制造，是一种甘蔗基生物材料。Plant Bottle 始用于 2009 年，当时只有30%成分是植物基材料。自2015年以来，Plant Bottle100%采用甘蔗基生物材料。百事可乐也有一种100%的植物基瓶子，于2011年开始使用，使用柳枝稷、松树皮、玉米壳和其他天然材料制造。这些以植物为基础的包装材料可完全回收，降解速度比石油基塑料快得多。

3. 可生物降解的包装填充物

纽约等几个美国城市禁止使用聚苯乙烯及泡沫塑料制造泡沫产品。该禁令涵盖了外卖容器所用的一次性包装，包括填充物、泡沫板、杯子和碗等材料。为此，很多企业转向其他包装材料，包括可生物降解的填充物。可生物降解填充物源自天然物质，如小麦。它们重量轻、价格低，即便进入河流、湖泊或海洋，也不会伤害生物。

4. 瓦楞气泡板

传统的泡沫包装是生物不可降解的塑料，对环境产生影响。为此，许多企业转向使用一种替代品：瓦楞气泡板。瓦楞气泡板由瓦楞纸板经过刻痕形成缓冲表面，可保护易碎材料。

5. 蘑菇包装

蘑菇包装利用农业废弃物，具有高度生物降解性和环境友好性。瑞典零售商宜家（IKEA）使用蘑菇包装替代了泡沫塑料包装。

6. 回收纸板和纸张

回收纸板和纸张由于生物降解性、对环境的低影响而成为受欢迎的包装材料。

7. 再生塑料

尽管再生塑料不能生物降解，但可节约能源、减少碳排放。

8. 有机织物

有机织物，如亚麻、再生棉、棕榈、香蕉、菠萝叶等都可以代替塑料。有机织物在100天内就可以生物降解，而塑料袋需要500~1000年。

9. 翻新产品

翻新产品可用作包装物，如回收散装袋。重复使用旧产品可减少浪费。

10. 工业可循环包装

包括可以循环使用的托盘、围板箱、可循环铁架等。

二、可持续包装解决方案的挑战

1. 包装中的可降解添加剂

尽管还不确定可降解添加剂对环境和人类健康是否有风险。但添加剂可能对回收过程产生影响，污染其他塑料材料。

2. 回收成本

由于回收成本过高，一些可循环利用的材料难以回收利用。为解决这一问题，一些城市开始焚化可回收物，利用焚烧产生的能量为城市电网供电。然而，由于垃圾焚烧污染空气和增加碳排放，使得这一解决方案远非完美。交叉污染也限制了某些材料的回收。

3. 植物纤维容器

尽管一些公共场所倡导使用植物纤维容器，但目前仍不清楚生产这些产品时使用的化学物质是否对人体健康产生不利影响。同时植物纤维来源也存在问题。例如，棕榈纤维包装与马来西亚雨林的砍伐存在一定联系。

尽管存在各种问题，但并不意味着我们要放弃回收或停止开发替代包装材料，因为绿色包装对保护环境有着至关重要的意义。

三、绿色包装的意义

1. 减少对化石燃料的依赖

尽可能少用化石燃料能源，可减少碳足迹。

2. 减少自然资源的消耗

绿色包装有助于减少自然资源消耗，有助于合理利用资源。

3. 增加回收产品的使用

回收的材料越多，浪费的资源就越少。

4. 更节能的制造方法

生产绿色包装材料大多使用风能或太阳能等清洁能源，而不是化石燃料。

5. 增加可再生资源的使用

绿色包装倡导使用可再生资源，可节约不可再生资源。

6. 更清洁、更安全的海洋

根据非营利组织塑料海洋国际的数据，每年有超过 800 万吨塑料被倾倒入海洋。生物学家发现每三种海洋哺乳动物中就有一种受海洋塑料影响，90%的海鸟肚子里都有塑料碎片，绿色包装有助于缓解这一状况。

四、可循环包装

可循环包装，在 2B（商业对商业）领域越来越流行。

可循环包装通常由耐用材料制成，基于重复使用和延长使用寿命这一要求，“设计为可循环使用而不会损害其保护功能”。可回收包装材料包括钢材、木材、聚丙烯片或其他塑料材料。

1. 解决方案

▲塑料围板箱

塑料围板箱是目前比较流行的可循环包装，通常由注塑或者吹塑底托和拉板制成的围板组成，围板箱最大的特点是可以将底托、盖板和围板拆分折叠，折叠后体积一般只有原来的 1/4 或者 1/5，大大节省了运输空间，节约了运输成本。另外，零件互换性强，底托、盖子、围板可以通用，灵活组合，一般塑料围板箱实际载重可达 350 公斤，适用汽车零配件、电子、零售等行业。

代表企业有来自澳大利亚的 CHEP International（集保国际）、来自欧洲的 KTP 包装方案公司、国内领先企业苏州优乐赛供应链管理有限公司。

▲木制围板箱

木制围板箱的主要优势是载重大，一般可以达到静载 3~5 吨，动载 2 吨以上。由于强度大，堆垛层数可达三层。

代表性企业有来自拉脱维亚 KRONUS、荷兰的 MPPAK 和瑞典的 NAFAB，来自中国上海的展国包装。

▲卡板箱

卡板箱是在塑料托盘基础上制作而成的大型装载周转箱，适用于产品周转、储存，可折叠和堆码，可降低产品损耗、提高效率、节省空间、方便回收、节约包装费用。主要用于存储和运输化工领域的液体（以液袋为辅助）、果汁饮料和较重的粒子粉末，以及汽车机械零部件等，是替代传统塑料桶、铁桶和 IBC 吨桶（IBC 中型散装容器）的理想方案。

世界领先企业有来自澳大利亚的 CHEP、来自荷兰的 Schoeller Allibert 和来自美国的 BUCKHORN INC. 等，国内有来自上海的上海鸿润科技有限公司。

▲好运箱

来自新加坡的好运箱（Goodpack），主要为橡胶行业设计，后在果汁饮料和化工液体粒子粉末包装中也有应用（使用内袋）。好运箱的优势在于载重较大，可达到 1.5 吨。

▲可折叠物料架

专为特殊物料设计的可循环物料架，以铁架为主，用于汽车轮胎、汽车玻璃、发动机等包装，可循环使用。

2. 行业应用实例

汽车零配件生产具有产量大、周期性强、比较固定的闭环循环路径（Closed Loop，Milk Run）等特点，所以汽车零配件特别适合循环包装。

应用企业情况：位于我国中部地区一家顶级汽车轴承供应商，拥有员工 4500 多人，汽车轴承年产能达 7000 多万套，产品主要发往济南、湘潭和西安等地。

方案是用塑料围板箱替代木箱，实施效果如下。

• 节省了成本。木箱包装，箱体 1.22 立方米，装载产品 60 只；改善后箱体 1.93 立方米，装载 100 只，单件物流成本节省 38.3%。该项目使用量 130 万只，为客户节省物流费用超过 480 多万元。

• 可更好地保护产品。汽车轴承单个重量 8 公斤左右，木箱难免会掉木屑，容易落入轴承内，影响产品质量，使用康比箱彻底解决了这个问题。另外，由于木箱很难固定产品，运输中难免会发生碰撞，损伤产品表面，使用围板箱彻底解决了这个问题。

• 循环使用的康比箱可以使用 100 次以上，使用寿命在 8 年以上，每年可节省约 22000 个木箱，可减少树木砍伐和固体垃圾。

3. 全球领先的可循环包装企业

CHEP（集保）。20 世纪 60 年代，可循环包装已经在欧美汽车行业应用，CHEP 是最早应用，也是目前行业内规模最大的可循环包装企业。CHEP 从事托盘和料箱业务已达 60 余年，拥有上万名员工，管理 5.5 亿个托盘、周转箱和塑料箱，营业额接近60亿美元，在全球46个国家有850多个服务中心，客户超过3万家，服务行业包括汽车、农业、化工、零售、快速消费品、航空、军事等。

苏州优乐赛。苏州优乐赛供应链管理有限公司（ALSCO）是一家提供可循环包装方案和租赁服务的供应商，创立于1998年。经过20多年努力，苏州优乐赛积累了大量汽车行业零部件包装经验，服务于全球顶尖汽车零部件供应商，服务网点覆盖全国汽车行业发达地区和城市。

第七节　数字化货运代理人

一、货运代理

货运代理（简称货代）是向全球进口商和出口商提供端到端货运物流服务的组织，货运代理了解端到端物流运输的各种业务、运作模式与各国政府要求。

1. 数字货运与传统货运

货运代理公司的业务流程通常包括以下五个方面：提供报价、获得订单、客户协调沟通、过程跟踪、文件处理执行。虽然数字货运与传统货运的流程基本相同，但两者存在明显的差异，关键区别在于数字货运采用了最新的信息系统技术，来解决客户在供应链管理上的痛点。以下具体说明两种货运代理之间的差异。

▲数字货运代理

实时报价，为客户提供透明报价。

报价快速，运营商选择过程快速且高效。

使用先进的货运代理软件，有效管理货运的整个流程。

基于跟踪软件帮助客户了解货物的实时位置状态，支持货物跟踪、实时货运更新，以及根据需要重新规划路由。

基于云的解决方案有助于文档管理，提供即时可视性服务。

▲传统货运代理

报价等待时间长，通常为几天到一周不等。

报价延迟，难以进行价格比较。

与定价相关的所有服务可能滞后。

客户跟踪货物的挑战大，尤其是接近目的地的货物。

人工处理货运文件导致不准确和延误。

数字货运借助于新技术，可不断提高效率和改善客户体验；传统的货运代理服务严重依赖人工处理。

2. 数字货运代理的基本特征

当前，客户对速度、效率和货运管理的整体质量要求发生了很大变化，应用自动化技术对企业运营来说已必不可少。选择数字货运代理的客户，可享受到较高水平的服务和用户体验。软件应用程序可为客户提供实时服务，在企业和客户之间架设起沟通桥梁。

数字跟踪对货代数字化产生以下影响。

• 移动应用程序。信息的及时性对进出口商、发货人和其他参与货物运输的人至关重要。移动应用程序可实时提供各种形式的报告、跟踪和文档记录，很好地满足了客户的这一需求。

• 通用数据库。通过使用统一的数据库，各个流程版块都可以实时协作，且可以在集中位置创建、更新和查找与发货相关的信息。

• 即时文档。人工处理文档速度缓慢，阻碍了业务的开拓发展。创建可随时随地传输的即时文档，可节省时间、提高效率。

• 实时透明度。数字化的重要特点是实时透明，既方便货运代理轻松管理，也改善了过程的可视性。

3. 数字货运代理的优势

• 成本低。通过线上比较运费，降低了对实物文件的依赖并将工作量降至最低，从而降低了成本。

• 速度和效率。数字化减少了物理文档和 NVOCC 预订延迟，提高了速度和效率。

• 透明可见。实时分析、跟踪和报告提高了可见性，可以在延迟发生之前动态更改。

• 自动化工作流。很多需即时关注的事件可通过应用软件程序自动解决。

• 机密性和安全性。通过应用程序加密和数字授权等功能，提高了发货安全性，货物的机密性也得到了保护。

4. 科技如何改变货代行业

技术正在改变货运代理，区块链、物联网、机器人流程自动化和数字科学等为其提供了新的前沿视角。

▲货代管理系统

对于货运代理商而言，货运代理系统对企业日常运营非常重要。货运代理系统需要具有以下功能。

• 灵活配置能力。为了应对客户个性化需求，一个稳健灵活可配置的货运代理运营系统至关重要。

• 自动化和数字化分析。货运代理系统必须尽可能地自动化和数字化，包括异常管理、机器人流程自动化整合等。

• SaaS 技术节约运维成本。基于云平台的（SaaS）运营系统要能够更好地整合企业的运营网络且显著降低系统运维成本。

• 供应链可视化和连接性。货代运营系统应该具有多样式可视化功能以及对接能力，以帮助客户及时获取各种信息。

- 快速准确的数据共享。通过自动化数据共享，团队成员和第三方可以在整个货运过程中保持信息同步。
- 意外管理的能力。通过 AI 的能力整合，对异常情况提供预警，帮助客户更好地管理供应链的各种异常情况。

▲区块链

货运代理商通常涉及多个参与方，如承运人、货主、保险公司和海关等。这些参与方通常与多个中介机构协作，从而导致过程烦琐、成本高昂。基于区块链技术应用，所有参与方都可以在同一个分布式账本上查看和更新信息，从而减少中介机构的参与并降低成本。

区块链技术可实现对供应链的追溯，这对于货物跟踪和安全性有很大帮助。区块链中每个区块都包含先前区块的哈希值，可以确保数据不会被篡改。货主和承运人通过区块链可以实时共享货物的状态和位置，从而提高了整个供应链的透明度。

▲机器人流程自动化

流程自动化机器人（也称机器人流程自动化或 RPA）对货运代理行业产生了广泛影响，包括大幅度提高效率。货运代理行业涉及许多重复性任务，如数据输入、文件整理和报告生成等，通过 RPA 机器人自动化操作，可以减少人工干预、提高效率。

▲大数据

供应链产生大量数据，大数据技术具有货物跟踪、预测和管理等功能，可为货运代理商提供准确即时的信息，从而有利于提高运输效率、减少延误和提高准确性，实现更智能化的货物运输。

二、技术驱动的数字化货代案例

1. Flexport

Flexport 是一家全球领先的数字货运公司，为企业提供全球物流数字化解决方案。该公司于2013年成立于美国旧金山，基于数字化平台将传统货运行业的物流网络转变为高效、透明且可控的体系，为客户提供物流运营、海关通关、贸易融资等全方位物流供应链服务。Flexport平台的核心是其全球物流网络。该公司的物流网络覆盖了全球200多个国家和地区，包括欧洲、亚洲、北美的美国、大洋洲的澳大利亚等地区的主要物流中心和港口。Flexport以其高度自动化的物流操作和供应链可视化系统著称，可为客户提供实时数据和智能分析，了解货物的位置和状况，以更好地管理物流运营。

除此之外，Flexport还提供一系列增值服务，如海关通关、贸易融资、保险、货物跟踪和物流咨询等，助力客户优化全球供应链、降低物流成本、提高运营效率，在全球贸易中取得竞争优势。此外，Flexport还可以集成其他企业的系统和技术，帮助客户整合其物流流程及内部系统，提高物流整体效率。

2. FreightoS

FreightoS是一家全球性数字货运平台，致力于让全球物流变得更加简单、高效、透明和可控。该公司于2011年成立于以色列，已在全球范围内建立了强大的数字货运网络，为企业和个人客户提供智能化的货运和物流数据服务。FreightoS的数字货运平台允许客户在线获得实时货运和物流报价，如空运、海运、陆运和仓储等服务，客户可以通过比对不同服务商的报价和服务质量，从而找到适合自己的物流解决方案。该平台还提供全球范围的货运跟踪、数据分析、付款和结算等服务，方便客户管理和优化其供应链。

FreightoS的数字货运平台已经获得了许多客户和物流服务商的信任和青睐。该平台与全球数百个货运服务商建立了合作关系，包括航空公司、海运公司、物流运营商、仓储服务提供商和运输公司等。其合作伙伴可以在Freightos平台上获得更多的业务机会，并为客户提供优质、高效和可靠的物流服务。

3. 美设国际

美设国际物流集团股份有限公司，是一家网络覆盖全球200多个国家和地区的国际综合性物流服务提供商，其提供包括全球海运拼箱、海运整箱、铁路运输、空运、仓储、跨境电商物流、门到门配送、危险品运输、报关等服务。

美设国际的数字化历程具体如下。

上线高效在线业务系统，信息化管理从内部向外部延伸，释放一线员工，使其从重复性劳动中解脱出来，避免疲劳作业，并快速提取客户所需信息。

打通企业QQ与在线业务系统，一线人员无须切换平台操作，即可完成部分标准化客户服务，效率更高。

利用OCR、NLP等技术提取关键词，服务人员只需“一键生成、一键发送”即可触达客户，仅需30秒就可以完成一次结构完整的标准化报价。

4. 新环世国际

上海环世物流（集团）有限公司，拥有国际海运集装箱整箱及拼箱、件杂货、大宗散货、集运、国际空运、国际陆运、化工物流、工程项目物流、跨境电商物流、仓储码头服务等产品线，为全球客户提供端到端的国际综合物流服务。2020年9月，环世物流和大掌柜完成合并成立新环世。新环世通过数字化SaaS系统的升级完成传统货代的数字化再造和升级，为跨境商家提供端到端的数字化跨境物流服务。新环世系统通过链接航运业上下游各细分领域的资源和网络，与各物流服务供应商、船东、航空公司以及各海外代理平台等进行系统对接，为客户提供数字化、可视化、一站式的综合物流互联服务。

第八节　物流运输之创新趋势及案例

科技发展引领各行各业的发展，在此仅介绍影响全球运输行业发展的重要技术、创新成果，以及相应创新企业。

一、自动驾驶

运输车辆造成了严重的污染和交通拥堵，特别是在大城市，自动驾驶车辆和系统是针对这些问题的解决方案。自动驾驶汽车使用传感器、激光雷达和自动安全功能来导航，使用摄像头技术读取路标并以高分辨率观看，基于人工智能算法识别道路上的物体，指导车辆“识别”环境。自动驾驶提高了交通安全性，减少了有害气体排放。此外，自动驾驶卡车为卡车运输市场带来了活力，解决了驾驶员短缺的问题。

加拿大初创公司 NuPort Robotics，通过专有的导航系统进行自动化卡车运输。该公司为卡车配备了高科技传感器，以防止发生事故并实现燃油监控。改造后的机器人即 RaaS 服务系统可实现中距离运输卡车的自动化。NuPort Robotics 为传统卡车配备了自动驾驶功能，提高了驾驶员和车辆运输中的安全性。NuPort Robotics 的技术实现了四级和五级自主性，允许卡车在配送中心和仓库之间自主移动。

二、绿色能源

运输领域的绿色能源技术包括运输方式、替代燃料和减少对环境负面影响的技术。通过优先使用生态友好型船舶，减少了温室气体排放。船舶配备节能推进系统、采用流线型船体设计，减少了航行过程中的阻力。替代燃料如氢气、液化气、合成燃料等运用于海运和空运，减少了有害气体排放和污染。此外，电动汽车以可持续的方式运输货物，不再需要化石燃料。火车运输也是一种绿色运输方式，可以长途运输大量货物，减少了道路通行车辆及碳排放。

德国初创公司 Unleash Future Boats 开发了 CargoOne，一种水上零排放电动船舶，解决了低水位运输的问题，可以运输大量货物而不会产生有害气体。CargoOne 不仅实现了船只间的数字通信，还保障了陆地和水上基础设施之间的数字通信。它自动将产品装载到码头，简化了操作、提高了效率。此外，这家初创公司还建造了 FutureOne，一艘运送人员和产品的电动船，该电动船由绿色氢和燃料电池提供动力。通过使用此类燃料替代品，Unleash Future Boats 减少了海上船舶的污染气体排放，实现了可持续性发展。

三、电动运输

大规模电气化是运输业的发展趋势，与汽油或柴油汽车相比，电动汽车排放的温室气体和空气污染物更少。电动汽车依靠电力给电池充电，摆脱了对传统化石燃料的依赖。此外，电动汽车由于电机运转的高效和低噪音而体现出更好性能。随着电动汽车的普及，越来越多的初创公司致力于改善充电基础设施。车辆到电网（V2G）充电、快速充电、移动充电、新电池创新等解决方案，有助于人们在日常通勤和运输中广泛地接受电动汽车。航空运输业还通过电动垂直起降（eVTOL）飞机、电动空中出租车和无人机实现电气化。

挪威初创公司 Infinite Mobility 生产的太阳能电动汽车，用于城市交通和“最后一公里”的运输。Infinite Mobility 设计了尺寸合适的车辆来解决交通拥堵问题，确保了最小的空间占用，并为导致噪声和空气污染的大型车辆提供了可持续的替代方案。Infinite Mobility 生产的太阳能电动汽车车身集成了太阳能光伏电池，可为电动汽车发电。电动汽车还可在交通堵塞时充电，从而提高便利性。

四、人工智能

人工智能通过预测交通流的延误，使交通更加高效。AI 算法可实现自动驾驶车辆导航的目标检测和识别。机器学习基于驾驶员行为分析，确定驾驶员是否疲劳驾驶并确保安全。AI 驱动的路线优化加快了货物的交付。人工智能以数字方式匹配库存的需求和供应，从而实现货运业务的自动化。在交通领域，人工智能技术减少了交通拥堵和事故。在航运业，人工智能提高了航行安全性，并为船舶自主航行提供了可能。此外，人工智能通过实时跟踪和盗窃检测确保商品的安全。

总部位于美国的初创公司 Coros 基于 AI 技术追踪货物，部署了先进的光学和计算机视觉设备，以提高货物运输的可视性。AI 技术自动化了货物扫描，无须手动操作。基于机器学习算法，光学和计算机视觉设备在装载错误和物流错误时向操作员发出警报，可以预防延迟交付和包裹丢失。光学和计算机视觉设备还利用人工智能审计仓库设施计划，对仓库的资产设施进行全面评估。

五、物联网

物联网使交通运输更加智能。物联网与嵌入式传感器一起收集车辆数据，以跟踪运输车辆的状况或性能。物联网设备可以预测拥堵并将车辆重新定向到畅通路线，从而加快交付速度，减少拥堵，降低能耗。此外，使用物联网可以监控车辆燃油液位、驾驶员安全、车辆故障等。物联网根据运输的性质设置速度，有助于预防事故发生，确保运输车辆的顺畅流动，提高了道路安全性。

总部位于美国的初创公司 Soar Robotics，为自动驾驶汽车和机器人构建了车辆到一切（V2X）的连接技术。它在支持 AI 的蜂窝调制解调器上工作，该调制解调器可集成到现有的车辆通信基础设施中。通过使用深度神经网络，使车辆可以车辆对车辆（V2V）、车辆对基础设施（V2I）、车辆到网络（V2N）等方式连接到其他设施。它还促进了与 4G、5G、Wi-Fi 或 LTE 等各种协议的集成，从而优化了连接网络的延迟、吞吐量、范围和可靠性。

六、移动即服务

与其他行业一样，运输业一直致力于提高消费者的舒适度和便利性。移动即服务（MaaS）确保了按需提供运输服务，整合了不同的数字渠道，使用户能够通过单一平台规划和预订多种交通模式。它通过提供订阅和现收现付模式简化了支付方式。此外，MaaS 为方便用户将公共和私人交通结合起来，从而使其能够灵活选择最佳的交通方式。MaaS 通过提供拼车、按需出租车、可预订的城际旅行等服务，鼓励减少使用私人车辆，使出行车辆减少，从而减少排放、污染与事故。

爱尔兰初创公司 bloXmove 提供了一个移动即服务应用程序，该应用程序将车队运营商、自行车、滑板车、公共交通提供商和企业移动性管理人员连接起来，以方便乘客使用一张票出行。该应用程序基于以太坊区块链和 Corda 构建了一个去中心化账本平台，验证乘客的预订、分配、结算和计费数据。与传统的分散式交通方式不同，平台能够与不同的交通运营商进行协作，使其能够提供更好的客户服务。

七、区块链

区块链实现了实时资产跟踪、精确规划运营。其分散的结构实现了网络透明度，防止欺诈交易发生。基于区块链的智能合约有助于商品的成功交付和结算，可确保支付安全。此外，区块链还有效整合了运输或物流过程中的各种文档。

总部位于美国的初创公司 dexFreight 提供了一个以区块链为基础的协作网络，用于处理货物运输。该协作网络使用智能合约连接托运人、货运经纪人和承运人。该平台还根据设备负载，将用户与承运人进行匹配，通过使用机器学习找到合适的卡车来装载货物，从而实现承运商的智能选择。此外，企业文档安全由区块链支持，未经双方批准，不得进行任何更改。因此，dexFreight 解决了可信性的问题，提高了运营、现金流的透明度和可见性。

八、智能航运

无人驾驶和智能船的出现，降低了海上的危险系数。船舶智能航运自动化操作，可确保船员安全，并通过对船舶性能的掌控提高燃油效率。它利用先进的数字传感器，可以根据水流速度精确导航。此外，自动化运输降低了人工成本和差错，提高了效率。

法国初创公司 NepTech 设计了用于载客和货运的自主双体船，以聚合物电解质膜（PEM）氢燃料电池代替柴油动力，实现零排放推进。NepTech 设计的双体船通过计算流体动力学（CFD）优化的空气喷射系统，减少了航行时的阻力。该船通过水翼和创新的船体形状设计，降低了水中的阻力。这家初创企业还将可回收和生物来源材料纳入制造业，以解决可持续性发展问题，最大限度地减少船舶燃料消耗，降低了海运成本。

九、"最后一公里"交付

"最后一公里"交付，也称为"最后一公里"物流，指将货物运送到最终消费者手里所需的操作。随着电子商务平台的发展，配送服务日益完善，“最后一公里”配送解决方案，以最快的方式将物品运送到收件人手中。全球定位系统实时跟踪发货，自动为利益相关者更新订单状态。无人机可以将产品快速运送到任何地点，被广泛应用于药品和杂货的运送。机器人自动化交付，为产品的无接触运输提供了新方式，减少了温室气体排放和环境污染，从而为运输业提供了一种可持续的替代方案。

捷克初创公司 BringAuto 制造了一种“最后一公里”自动配送机器人，该机器人可以优化路线加快交货速度，并通知客户预计到达时间。该机器人可从一个地址导航到另一个地址，以提高交付的效率。该机器人是自主的，确保了无接触和更安全的交付。同时，它是电动的，确保了无排放运输。这家初创公司还可通过移动应用程序实时跟踪发货情况，提高了客户满意度。

第九节　全球二十家物流供应链初创企业

物流供应链作为高速发展的行业，全球每年都会涌现一批科技创新企业，通过提升科技服务能力，为全球客户提供新的解决方案。以下是全球 20 家高增长物流供应链初创企业及其基本情况，代表了全球供应链和物流创新的趋势和方向。

一、Cargo. one

5 年增长：97%。

成立年份：2017 年。

地点：德国柏林。

资金：6380 万美元（B 轮）。

业务：Cargo. one 运营一个空运预订平台，可帮助用户搜索报价、比较不同航空公司的产品，预订并即时确认。这家初创企业与 10 多家航空公司合作，包括汉莎货运和阿提哈德货运。

二、Flock Freight

5 年增长：5900%。

成立年份：2015 年。

地点：美国加利福尼亚州恩西尼塔斯。

融资：3.99 亿美元（D 轮）。

业务：Flock Freight 是一家专门从事共享卡车运输的物流初创企业。该企业的算法有助于将零担（LTL）货运捆绑到多站整车运输中。Flock Freight 是一家经过认证的公益企业，可以抵消碳排放。在 Flock Freight 的 D 轮融资中，成功筹集了 3.99 亿美元，估值为 10 亿美元。

三、Budbee

5 年增长：4900%。

成立年份：2016 年。

地点：瑞典斯德哥尔摩。

资金：1.544 亿美元（系列未知）。

业务：Budbee 为电子商务零售商提供“最后一公里”物流服务。这家初创企业非常注重可持续性发展，在特定区域提供无化石燃料的配送服务，抵消企业的碳足迹。Budbee 与 H&M、Zalando 及 Asos 等知名品牌合作。这家成长中的物流初创企业目前在四个国家/地区拥有配送服务，每月配送超过 100 万个包裹。

四、Airmee

5 年增长：8300%。

成立年份：2015 年。

地点：瑞典斯德哥尔摩。

资金：2790 万美元（A 轮）。

业务：Airmee 是一家专门从事城市配送的物流企业，其平台可安排交货和监控装运时间，目前全球有 100 多家企业在使用他们的产品。

五、DocuAI

5 年增长：300%。

成立年份：2017 年。

地点：中国上海。

资金：200 万美元（企业融资）。

业务：上海道刻智能是专注于国际物流和国际供应链智能数字化解决方案的初创企业。该企业提供“AI+RPA+API”技术，为客户提供智能化、自动化和可视化国际物流操作解决方案，包括国际物流智能单证服务（BPO），智能 WMS，智能 TMS 和 OMS，目前与全球前十大货代物流企业中的五家建立了业务联系，同时为上百家中国中小企业提供服务。

六、FourKites

5 年增长：96%。

成立年份：2014 年。

地点：美国伊利诺伊州芝加哥。

资金：2.415 亿美元（企业融资）。

业务：FourKites 提供了信息实时可见的供应链平台，帮助客户进行装运 ETA、温度跟踪和供应链数据分析。这家初创企业自称拥有十大快速消费品企业中的九家、20 家食品和饮料领先企业中的 18 家客户。

七、AxleHire

5 年增长：350%。

成立年份：2015 年。

地点：美国加利福尼亚州旧金山。

资金：4470 万美元（系列未知）。

业务：AxleHire 专门为电子商务平台和零售客户提供“最后一公里”的交付解决方案。该企业以其动态路由算法和资源分配软件而著称，这家总部位于旧金山的初创企业在 2021 年 4 月宣布一轮融资后估值达到 1.29 亿美元。

八、SiCepat Ekspres

5 年增长：241%。

成立年份：2004 年。

地点：印度尼西亚雅加达。

资金：2.735 亿美元（B 轮）。

业务：SiCepat 在印度尼西亚提供端到端的物流服务，该企业的解决方案包括履约、仓库存储和“最后一公里”交付。印度尼西亚电子商务市场预计将以 21%的 5 年复合年增长率增长，到 2025 年市场规模将达到 820 亿美元。

九、Lalamove（货拉拉）

5 年增长：459%。

成立年份：2013 年。

地点：中国香港。

资金：2.5B 美元（F 系列）。

业务：Lalamove 提供按需叫车和送货服务。该企业每周服务 7 天、每天 24 小时运营。与传统的拼车应用程序一样，用户可以实时跟踪车辆并在交付后进行评分。

十、Sennder

5 年增长：415%。

成立年份：2015 年。

地点：德国柏林。

资金：3.4 亿美元（D 轮）。

业务：Sennder 作为数字货运代理企业，将商业托运人与公路货运公司联系起来，帮助货运公司优化数字化物流流程。Sennder 的平台功能包括跟踪、价格可见性和自定义报告。

十一、Paack

5 年增长：733%。

成立年份：2015 年。

地点：西班牙巴塞罗那。

资金：3.073 亿美元（D 轮）。

业务：Paack 提供电子商务交付服务，该企业专注于当日和次日送达业务（时间段由客户选择）。除了常规物品的运输外，这家初创企业还提供冷链交付，业务覆盖西班牙、葡萄牙、法国和英国等国共 60 多个城市。

十二、Happy Returns

5 年增长：1150%。

成立年份：2015 年。

地点：美国加利福尼亚州圣莫尼卡。

资金：2500 万美元（系列未知）。

业务：Happy Returns 为电子商务商店提供退货管理服务，其产品功能包括品牌在线退换货网站、报告、运输标签、平台集成和自定义仓库集成，该企业在美国管理着一个由 2500 多个退货点组成的网络。

十三、Cubyn

5 年增长：80%。

成立年份：2014 年。

地点：法国巴黎。

资金：6350 万美元（C 轮）。

业务：Cubyn 是电子商务零售商的履约服务商，提供端到端的解决方案，包括与电子商务平台的库存同步、库存管理和发货。在 2021 年 3 月的最近一轮融资后，这家法国初创企业计划扩大团队并在法国开设一个完全“自动化”的设施平台。

十四、Flowspace

5 年增长：750%。

成立年份：2017 年。

地点：美国加利福尼亚州洛杉矶。

资金：4650 万美元（B 轮）。

业务：Flowspace 是一个基于云的履约平台，与主要在线零售商（包括 Shopify、沃尔玛和亚马逊）进行了集成。该企业的解决方案包括支持客户预订仓库存储和请求库存提货，还提供“配套”（将几件物品组合成一个包裹）和贴标签等相关服务。

十五、Schüttflix

5 年增长：675%。

成立年份：2018 年。

地点：德国 Gütersloh。

资金：6570 万美元（A 轮）。

业务：Schüttflix 作为散装建筑材料的订购和交付平台，将供应商、卡车司机与客户联系起来，以便将货物运送到建筑工地。Schüttflix 的移动应用程序具有实时跟踪功能。在最近的一轮融资中，Schüttflix 成功筹集了 5000 万美元，计划在世界范围内提供服务。

十六、Bringg

5 年增长：未知。

成立年份：2013 年。

地点：以色列特拉维夫。

资金：1.845 亿美元（E 轮）。

业务：Bringg 是一个模块化云平台，用于管理履约和交付。该企业平台旨在连接来自多个系统的数据，以便管理交付操作。这家总部位于以色列的初创企业已经与沃尔玛、麦当劳等行业领先者合作。

十七、Nuvocargo

5 年增长：0%。

成立年份：2019 年。

地点：美国纽约。

资金：3780 万美元（系列未知）。

业务：Nuvocargo 是一家跨境货运服务提供商，提供包括墨西哥、美国和加拿大之间的货运代理、海关管理、货物保险和供应链融资服务。最近，Nuvocargo 获得了由 Tiger Global Management 牵头的 2050 万美元融资，目前估值为 1.8 亿美元。

十八、Huboo

5 年增长：1242%。

成立年份：2017 年。

地点：英国布里斯托尔。

资金：1.008 亿美元（B 轮）。

业务：Huboo 为在线零售商提供履约服务。除了订单履约外，这家初创企业还应要求处理退货管理。Huboo 与主要在线销售渠道（eBay、Amazon 和 Shopify）集成，以实现自动与库存同步。

十九、Seven Senders

5 年增长：25%。

成立年份：2014 年。

地点：德国柏林。

资金：6580 万美元（C 轮）。

业务：Seven Senders 是欧洲境内货运的交付平台。该企业的解决方案有助于将零售商与欧盟境内的“最后一公里”航运公司联系起来，他们还提供旨在优化运输流程的跟踪和报告系统。

二十、GoFor

5 年增长：300%。

成立年份：2016年。

地点：加拿大渥太华。

资金：1750万美元（A轮）。

业务：GoFor为运营建筑行业客户“最后一公里”物流的平台。GoFor的服务包括跨美国和加拿大大都市的按需当日送达和定期送达。该平台具有与第三方系统报告集成的功能。

第十节 物流管理系统

一、物流管理系统的功能

物流管理系统是一种综合性信息化管理系统，旨在帮助企业管理并优化货物从生产到交付的整个流程，以提高物流管理效率和降低物流成本。这类系统通常包括以下功能。

订单管理：订单的接收、处理、分配和追踪。

仓储管理：库存管理、货物出入库管理、库存盘点和调度等。

运输管理：路线规划、车辆调度、运输跟踪和运输成本管理等。

信息管理：实时数据采集、信息分析、决策支持和绩效评估等。

客户服务管理：客户投诉处理、问题解决、服务跟踪和反馈等。

物流管理系统可以帮助企业实现货物快速准确地交付，提高生产效率和客户满意度，同时减少运输成本、降低库存水平和减少运输时间。它是现代企业物流管理的重要工具，广泛应用于物流、供应链和电子商务等领域。

由于物流涉及范围广，有很多不同的细分管理需求，下面这些软件通常会被归入物流系统。

- 仓库管理软件

- 供应链管理软件
- 货代管理软件
- 运输管理软件（包括调度和路线管理工具）
- 路线优化软件
- 订单管理软件或者销售管理软件
- 航运管理软件
- 关务管理软件
- 4PL 管理软件

物流管理系统的目标旨在取代物流管理中的人工流程，降低交付成本、改善客户体验和强化风险管理。

二、内部独立部署 VS SaaS 方案

信息管理系统是企业管理的重要部分，选择信息系统时，信息系统的部署方案是一个重要考虑因素。是选择企业内部独立部署，还是采用 SaaS 方案？企业需要考虑很多因素，如安全性、灵活性、可扩展性、可定制性、成本和可维护性等。企业可根据实际需求和预算做出选择。

企业如果选择内部独立部署，则要购买硬件设备与服务器，同时要部署软件、配置网络等，需要投入大量的资金和人力。但是，这种方案可以带来更高的安全性和可定制性，企业可以根据自身的需求和政策制定安全措施和访问规则，且可以根据需要进行修改和定制。

相对，软件即服务（Software As a Service，SaaS）方案作为近年来流行的技术方案，由供应商提供硬件和软件的运维服务，可以降低企业的成本，提升可维护性，企业既不需要购买硬件设备和软件许可证，也不需要消耗人力资源进行系统维护和更新。此外，SaaS 方案通常采用云计算技术，具有更高的可扩展性和灵活性，系统可以根据需求动态扩展或缩减。

综上所述，企业在选择信息系统时需要考虑包括安全性、灵活性、可扩展性、可定制性、成本和可维护性等因素。对于需要高度定制和安全要求高的企业，内部独立部署通常是更好的选择；对于追求低成本和高维护性的企业，SaaS 方案更为适合。

1. 内部独立部署方案的优点

▲不依赖互联网连接

内部独立部署方案通常在企业内部机房部署系统，并不依赖互联网连接，即便互联网中断或出现故障，企业运营也不会受到影响，且内部独立部署方案的操作响应要快得多。

▲更强的企业信息安全

因为数据存储在企业内部，企业对数据的可控性更高，因此内部独立部署方案是处理大量敏感信息的最佳选择，尤其是涉及国家机密或者特别敏感信息数据的企业。

▲额外的安全屏障

无论企业进行多少投入，连接到互联网的信息系统都存在被黑客攻击的风险，内部独立部署方案可以降低企业被攻击的风险。

相对，SaaS 是一种基于云的服务，由软件供应商负责所有硬件和软件的运维，企业通常只需要开通账号即可以使用，且有许多不同的服务等级可供选择，可满足各种业务需求。

2. SaaS 方案的优点

▲性价比高

SaaS 软件解决方案通常采用订阅模式，这意味着企业只需支付订阅的资源与功能的费用即可。SaaS 方案的可扩展性对大多数企业来说较为便利，当企业硬件资源不足时，不需要投入大量人力与资源进行复杂且昂贵的硬件升级。此外，大多数 SaaS 软件与其他应用程序包括企业业务系统都能够快速集成，有助于企业节约成本。

▲灵活性

SaaS 系统可以在全球任何地方进行访问，这对在不同地点拥有多个分支机构的企业来说，是一个高性价比的解决方案。

▲系统更新和维护

SaaS 方案的维护和系统更新升级都由供应商负责，可节省大量的运维成本，企业可以把资源投放在更有价值的业务上。

三、自主开发 VS 外包模式

在数字化时代，信息系统已经成为企业的核心组成部分。但对于很多企业来说，是选择内部自主开发信息系统还是选择外包团队开发，却是一个棘手的问题。

自主开发信息系统的主要优势：企业可以充分利用 IT 团队的技能和知识，确保系统完全符合企业的需求。可以控制系统的开发进度和质量，保持数据的安全性。此外，在系统升级和维护方面，企业更具灵活性和控制力。但自主开发也有缺点：首先，自主开发需要占用大量的时间和资源，尤其是在企业没有足够的 IT 人才资源和技术支持的情况下。其次，自主开发后，企业还需要不断对系统进行更新和维护，需要长期投资和管理。

相比之下，外包模式有不少优势。外包团队通常有丰富的开发经验和技能，能够快速完成开发，并提供高质量的解决方案。此外，外包模式相比较内部自主开发更具有成本优势，可以减少开发投入，企业有财力和精力专注于核心业务。但外包开发也存在缺点：外包团队可能对企业的需求和文化理解得不透彻，导致开发出不完全符合企业实际需要的系统。同时，外包团队的素质和可靠性也存在不确定性，企业需要对整个过程进行充分评估和监督。自主开发与外包模式的优缺点具体如下。

1. 自主开发优缺点

▲自主开发的优势

无语言/文化隔阂。企业内部团队通常具有相同的文化和语言背景，在同一个组织内工作，没有文化隔阂，较容易进行面对面的交流沟通，从而更好地理解业务需求与痛点。

流程深度匹配。企业自主开发可最大限度地根据自身的需求定制内部工程流程，确保企业的所有需求得到有效满足，且可以较为灵活地调整系统的开发目标与功能。

了解专业知识。企业内部人员可准确地掌握企业的相关业务与专业知识，以及企业内部的管理流程与需求，开发出来的系统可以较好地满足企业的管理需求。

▲自主开发的缺点

投入高。建立高效的自主开发团队通常需要投入大量资金，对于很多企业，特别是中小型企业而言，往往是很难承受的。

知识传承易受限。自主开发的最大风险之一是员工离职。自主开发系统通常会积累大量的业务与专业知识，如果企业的管理流程与文档要求不够完善，当有员工离职时，则容易出现知识断层，导致新员工很难接手工作。

缺乏不同领域的专业知识。自主开发团队还面临一个问题：为了解决特定技能与问题，企业需要雇用专业人才以解决问题，如果这类需求是临时或短期的，对企业来说人力成本就会很高。

2. 外包模式的优缺点

软件外包是很多企业开发信息系统的常见做法。外包团队可以通过远程开发的方式以较低的成本承接企业的开发任务，从而帮助企业节约成本，减少企业的长期投入。

▲外包模式开发的优势

开发总成本更低。外包开发团队通常拥有更多的开发经验，而且很多外包服务公司将具体的开发工作放在人力成本较低的国家，这样可以大幅度降低开发总成本。

减少人才管理问题。外包模式可以帮助企业减少人员招聘和管理问题，如果企业组建开发团队，通常会面临招聘以及人才管理问题。利用外包团队的资源，企业能够灵活地调整资源，为产品添加新功能，而不受内部资源和技能的限制。

可利用成熟开发流程。外包企业有很成熟的开发流程，且通常都通过了 CMMI 等软件成熟度模型认证，既可提升软件的开发品质，也能大幅度地降低企业试错成本。

▲外包模式开发的缺点

沟通问题。语言及文化差异，常常成为开发团队的沟通障碍，导致开发出来的系统软件无法满足企业的管理需求。

安全风险。缺乏面对面的沟通可能会导致双方在项目开发过程中缺乏信任。当然，这取决于供应商/开发商的职业素养，选择合适的合作伙伴可以减少此类风险。

代码外泄的风险。如果将战略性系统产品外包，企业还要承担代码泄露的风险。系统与代码的质量很大程度上取决于开发商自身的管理与研发能力。

综上所述，自主开发信息系统和外包开发信息系统各有优缺点，具体哪种方案比较适合取决于企业的实际需求。如果企业有足够的研发和技术力量，且有充分的时间和资源，自主开发可能是更好的选择。反之，如果企业需要更快、更专业和更经济的解决方案，外包开发可能更合适。无论选择哪种方法，企业都必须进行充分的事前评估和风险管理，以确保系统的质量和可靠性。

四、知名物流信息管理系统

1. CargoWise

CargoWise 是一款享誉全球的基于云端的国际货运代理解决方案，全球有超过 18000 家物流企业在使用 Cargowise。该系统提供一系列功能，包括端到端的供应链管理、货运代理、清关、仓储、运输管理和财务管理。该系统可高度定制，支持企业基于特定要求配置工作流、报告和仪表板。CargoWise 的关键优势是其与其他系统和平台的集成能力。该系统可实现与第三方应用程序（如会计软件、电子商务平台和承运商系统）无缝集成，这使得交换数据和自动化流程变得轻松自如，节省了时间并降低错误率。

CargoWise 还具体实时可见性功能，支持企业更有效地跟踪货物运输、监测库存水平和管理订单。该系统拥有一系列工具，可帮助企业遵守合规要求，如自动化海关申报等。

总之，CargoWise 是一款针对全球复杂的物流供应链管理需求的强大系统解决方案，凭借其先进的功能、灵活性和集成能力，帮助企业改善流程并增强营利能力。

2. OracleTMS

OracleTMS（Oracle Transportation Management System）是由甲骨文公司开发的一款全球领先的物流运输管理系统。OracleTMS 提供了一系列功能丰富的模块，包括订单管理、运输计划、配送管理、运输执行和费用管理等，可帮助企业实现对物流运输的全面控制和优化。

OracleTMS 的订单管理模块可以实现订单的自动化管理和优化，包括订单跟踪、异常管理、延迟通知等功能，从而实现订单管理的高效化。OracleTMS 的运输计划模块可以帮助企业规划最优的运输计划，包括运输路线规划、配载优化、货物分配等，从而降低企业的运输成本。

OracleTMS 的配送管理模块可以实现对配送过程的全面管理和控制，包括实时跟踪、签收回传、异常处理等，从而实现配送过程的高效化和安全性。OracleTMS 的运输执行和费用管理模块可帮助企业对运输过程进行全面管理和成本控制，包括运输订单执行、运输费用计算、结算等，从而实现物流管理的全面优化。

总之，OracleTMS 是一款功能全面、操作简便、高度可配置的物流运输管理系统，适用于各类企业的物流运输管理。

3. CargoGM. com 大掌柜

大掌柜货代软件是一款专门为中国货代企业设计的全流程物流信息管理系统，完成对货物进出库、运输、报关、结算等环节的全面覆盖，是一个全方位的物流管理系统。该系统具有可视化、操作简便、灵活性强等优点，其界面清晰易懂、操作逻辑简单，方便用户快速上手。系统的流程管理非常灵活，可以根据用户的不同需求定制各种流程和流转条件，更好地适应企业的业务特点。

大掌柜货代系统具有强大功能，如自动化报关、订单跟踪、数据分析、财务管理等，这些功能可以帮助用户大幅提高工作效率，降低出错率。综合来看，大掌柜货代系统是一款可靠、高效、专业的物流信息管理系统，能够满足货代企业物流管理、信息处理和财务结算等多方面的需求，为企业的发展提供了强有力的支持。

4. 富勒（Flux）物流管理系统

富勒物流管理系统是国内知名的供应链管理系统，旨在帮助企业实现更高效、更精确、更透明的物流管理。该系统包括仓库管理、运输管理等多个模块，可以为企业提供全方位的物流解决方案。

富勒仓库管理系统能够实现对仓库内所有物品的快速定位、查询和管理，包括库存管理、出入库管理、调拨管理等，极大地提高了企业的仓储管理效率和精度。

富勒运输管理系统可以帮助企业对运输过程进行全面管理，包括路线规划、运输跟踪、运费结算等，助力企业实现物流过程的透明化、可控化，降低物流成本，提高物流效率。

5. 唯智（vTradEx）物流管理系统

唯智物流管理系统是一款基于云计算、物联网和大数据技术的综合性物流管理系统。该系统涵盖了物流管理的各个环节，包括仓库管理、配送管理、运输管理和采购管理等多个模块，为企业提供全方位的物流解决方案。唯智物流管理系统的仓库管理模块能够对仓库进行全面管理，包括库存管理、入库出库管理、盘点管理等功能，实现了对库存的实时监控和管理，为企业提高仓储效率提供了有力保障。

唯智物流管理系统的配送管理模块可实现对配送过程的全程监控和管理，包括路线规划、配送跟踪、签收回传等，为企业提供了快速高效的配送服务。其运输管理模块可以帮助企业对运输过程进行全面管理，包括车辆管理、货物跟踪、运费结算等，可提高物流过程的透明度和可控性，从而有助于企业降低物流成本和提升效率。

6. 运匠信息的 Logwire TMS

来自中国运匠信息科技的 Logwire TMS 运输管理系统，提供了端到端的解决方案，通过与相关系统和 IoT 设备集成，为企业提供了一个精细化实时协同的信息平台，助力企业数字化升级，帮助企业实现对于物流运输的合规管控以及降本增效。

Logwire TMS 涵盖普货运输、危险品运输、集港运输等多种运输业务形态，满足零部件入厂物流、整车运输、快递、合同物流、国际物流、逆向物流、三方物流等复杂物流场景需求，针对高科技、汽车、三方物流、快递快运、快消零售、能源化工、医药健康、建筑建材等细分领域，提供匹配业务特点的解决方案，服务超过 150 家各行业头部企业。该系统基于互联网的架构平台，采用 SaaS 服务模式，具有高度的可扩展性，并具备全球性国际化设置；整合 DocuAI 智能 OCR，能够智能识别订单、签收单、银行水单、发票等票据，支持 AI 提取和清洗数据以及机器人数据录入。

第四章　行业案例分享

第一节　电子制造业供应链

中国已经成为全球最大的工业制造国，我国制造业国际竞争力显著增强，创新能力明显提升，全球市场影响力显著加强。2012—2020 年，工业增加值由 20.9 万亿元增长到 31.3 万亿元，其中制造业增加值由 16.98 万亿元增长到 26.6 万亿元，全球占比也由 22.5%提高到近 30%。中国具有劳动力资源优势，为制造业提供了充裕的劳动力。同时中国制造业企业具备持续的创新能力。

但随着中国制造业从大国向强国迈进，物流供应链管理能力不足成了制约中国制造业发展的一大瓶颈。目前，我国物流业和制造业融合层次不够高、范围不够广、程度不够深。国家所提倡的两业深度融合，就是要求物流业与制造业在供应链全链条上深度合作、相互渗透、共同发展。

长期以来，人们印象中的供应链服务，通常是指卡车运输、仓库管理、末端配送、空运海运等仓储物流服务，而这些环节远不足以代表企业所需的供应链服务。供应链管理还应包括需求预测分析、采购订单管理、在途及在库状态、配合制造厂商的入厂、原材料/成品库存水平管理等，这些都是供应链管理中重要却容易被忽视的环节。多数物流企业只能充当第三方角色，提供简单的物流服务，很难帮助企业解决供应链管理中的痛点。

一、制造业供应链面临的问题

1. 供应链管理犹如盲人摸象

传统供应链最大的特点是供应链各个环节呈割裂状态，自成孤岛，信息传递存在断档，决策效率低。为此，需要借助科技化手段打破信息孤岛，实现全流程可视化。

2. 制造业供应链市场琐碎、分散，管理效率低

据统计，目前 B2C 物流市场占社会物流市场总额的比例不足 8%，以生产和流通为主体的制造业供应链所需要的 B2B 物流占社会物流总额的比重超过 92%。相较于 B2C 领域，B2B 供应链市场进入门槛高，竞争不充分，市场降本增效的需求强烈。但长久以来，制造业供应链管理效率低下，供应链上下游市场琐碎、分散。唯有实现产业上下游互联互通，才能从源头上改变这一状态，这是国家之所以倡导制造业与物流业深度融合的深层次原因。

3. 供应链服务需要高度客制化

受制于制造业供应链的复杂性，对供应链管理的弹性和资源整合能力提出了更高要求。为此，供应链服务需要高度客制化，以应对制造业供应链管理的不确定性，标准化供应链产品和服务。

4. 制造业供应链环节多，企业尚不具备全段管控能力

制造业供应链管理涉及的环节多，企业的原材料厂商遍布全球各地，数量众多，实现多地交货挑战很大。另外，企业对供应链管理的时效要求高，对精益管理和库存管理能力提出更高要求，而目前供应链企业大多只能提供供应链链条的某一段服务。

5. 供应链各环节沟通效率低，信息化程度参差不齐

制造业供应链环节众多，各方自成孤岛，导致上下游企业之间沟通效

率低，信息化程度参差不齐，制约了企业的计划执行能力，是实现产业互联最大的瓶颈。产业互联需要产业链的每个环节融入信息互联技术，从上游的产品研发、生产制造，到下游的分销、配送，都要转移至线上且与彼此的数据进行无缝衔接，实现供应链的升级，实现产业集群的互生和共赢。

6. 对人的依赖程度高，决策效率低

目前，制造业供应链管理的一个痛点是对人的依赖程度高，决策效率低，供应链管理缺乏科学的数字化工具。对于企业来说，供应链管理有没有科学的数字化工具、数字化解决方案和数字化服务手段，决定了其能否提高决策效率，能否动态应对不确定风险。只有拥有数字化供应链能力，才能不断减少人为干预，降低制造业经营和交易成本。

二、电子制造业供应链

由于制造业横跨的领域众多，不同领域企业的供应链管理痛点有所不同。以下以电子制造产业为例，分享电子制造产业供应链的痛点与需求。

根据 IPC 2022 年 6 月发布的《电子供应链全球情绪》报告，86%的电子制造商担心通货膨胀，10 家就有 9 家承受材料成本上涨的压力。劳动力成本是一个令人担忧的问题——雇用和留住专业员工越来越困难。

但是，电子制造业仍是蓬勃发展的行业。2022 年，国内规模以上电子信息制造业增加值同比增长 7.6%，分别超出工业、高技术制造业 4 个百分点和 0.2 个百分点。2022 年 12 月份，规模以上电子信息制造业增加值同比增长 1.1%，较 11 月份上升 2.2 个百分点，电子行业的供应链引发全球关注。电子行业供应链顺畅须经 EMS、OEM 等合同制造商及上游电子元件制造商、IC 设备制造商、电子组件制造商、软件提供商，下游电子产品品牌、经销商/零售商、服务提供商等诸类型企业分工协作。电子行业具有客户需求变化大、产品更新快、产品生命周期短、全球运营、自控与外包并重、生产计划变化频繁、生产调度困难，物料管理复杂等特点。

近年来，电子制造产业频繁使用替代料、批次低产量生产的趋势明显。随着通货膨胀的加剧，许多终端市场的需求减弱，全球范围内的经济下行趋势令人担忧，这种不确定性导致订单减少。此外，由于组件可用性不同，大订单也只能以较小的批量生产。这一变化使得供应链管理的优化需求更加强烈。替代料的使用导致生产导入及相关流程（NPI）变动频繁，有时一天内变动几次。如果不加以优化，NPI 过程可能会很耗时，对整体效率产生负面影响。

三、电子制造业进项物流管理

随着信息技术的发展，供应链管理迈入了数智化时代。在供应链管理中，传统的供应链协同与管理模式难以满足快速变化的市场需求，生产资源和消费需求无法达到精准匹配，导致供给体系质量与生产效率产生冲突，从而导致低端供给过剩、中高端产能不足的问题。除了采购、生产、加工、销售、物流、仓储等各环节的痛、难点外，生产企业面对的更大挑战是如何协同全链条作业、降本增效。

当前，供应链物流管理中普遍存在流程繁杂、协同管理成本高、供应链信息孤岛等痛点，这些痛点直接导致企业物流渠道混乱、决策效率低下、产销失衡等问题。特别是在处理市场突发事件时，由于供应链信息传递不及时，全球供需错配等情况大大增加了供应链计划的不确定性，从而导致采购交期经常变动。因此，很多企业都希望能有一套系统机制来协助管理交期，以摆脱依赖人工电话、邮件沟通的低效工作模式，实现供应链各方信息的实时传递。为此，准时达国际供应链管理（JUSDA International Supply Chain Management Co.，Ltd.）作为富士康科技集团授权的旗下供应链管理平台服务公司，基于多年服务电子产业上下游的丰富供应链管理经验，开发了“JusLink进项物流管理系统”，解决了众多企业在进项物流管理上的痛点。

进项物流管理系统定位于企业原材料采购到入库的供应链流程管理，通过梳理采购需求痛点、模块化功能，实现上下游采购与物流协同，并通过智能算法提供原材料优化管理与异常预警。

在采购订单交期管理方面，系统帮助企业脱困于频繁沟通确认交期信息的线下交流模式，使整个采购订单管理的生命周期可视化、透明化，异常信息实时预警，使企业对整个采购订单全生命周期了如指掌，大幅减少沟通与管理的人工成本。协助各方完成供应链前置管理，优化流程、提升效率。

进项物流订单管理模块，帮助企业与其供应商进行交期核实、订舱核实等工作，并且对运输过程的各重要节点进行实时监控。

以某大型制造企业为例，以前VMI客户从交货地到厂区要分别以邮件通知港仓与客服进行物流作业，一旦遇到紧急订单，客户要到不同系统登录查询或依赖邮件、电话方式询问客服从港仓收发、物流运输、报关进度、VMI仓收货状况等各重要节点的处理情况；而这些关键节点信息散落在不同的运营团队或系统中，客服人员要费时费力协助查询，经常会因为信息盲点或滞后导致供应链决策延迟的问题。

针对上述场景需求，进项物流管理系统综合运用物流云平台、物联网、大数据三大技术，以科技智能驱动信息与操作集成，实现从需求预测发布、交期协同，再到运输监管和交付的全流程协同与可视化管控、异常自动及时预警，进而提高执行效率。物流全生命周期管理协同和可视化双管齐下，增加了透明度、提高了可预见性，实现了供应链全链路完整闭环管理。

进项物流订单管理模块通过打造三大核心功能，达到供应链的可视化、供应链多方的群集协同、统一入口、单一式窗口服务，从而实现优化运营执行效率、辅助管理快速决策、异常智能系统预警。进项物流管理系统在运输管理中整合了智能物流监控技术，将物流货品、交期、运输方式、路由线路、运输工具、位置、状态等数据以可视化方式实时呈现，让客户能够随时在平台中监测订单的状态。

客户不仅能通过实时化、透明化、可视化平台增强对物流的把控力度，还能让各方关系人在平台上实现信息共享互通、在线交流。这样，无论哪一个环节出现问题，各方均能通过平台及时发现异常源头，并结合 AI 智能分析迅速作出决策，降低了供应链管理人力、时间与机会成本。

进项物流管理系统不只是对协同效率的着重提升，还会利用人工智能与 AI 算法，通过物流全流程节点智能监控跟踪与分析，实现异常提前预警，并及时主动提供合适的替代解决方案来规避异常后果，实现实时的"预测→预警→预防→预案"智能供应链协同管理。运作异常情况、流程节点状态等数据，不仅能为企业供应链管理提供即时的决策参考，还能为企业后续调整更适配的供应链解决方案提供依据。

随着工业 4.0 时代的到来，高科技电子行业呈现高质量、高品质、绿色化的发展趋势，而智能制造是必由之路，智慧供应链是必备支撑。企业的供应链管理数字化转型升级是必然发展方向，进项物流管理系统打破传统供应链管理壁垒，帮助企业实现低成本数字化转型，引领电子智能制造发展。

四、电子品牌商的全球供应链管理

1. 电子品牌商的全球供应链管理需求

准时达作为富士康科技集团授权的供应链管理平台服务公司，是全球 C2M2C（Component to Manufacture to Consumer）全程供应链整合服务先行者，其核心竞争优势是面向工业制造型企业及 3C 制造商的端到端精益供应链管理服务，为客户提供端到端的全程供应链管理服务。其中日本准时达（SHARP JUSDA LOGISTICS，SJL）由日本夏普和准时达于 2016 年共同出资成立。SJL 作为准时达在日本的子公司，以“软件+硬件+解决方案”方式，为日系客户提供制造业全球端到端供应链全链条全流程服务。

SJL 的重要客户 S，作为全球知名家用电器设备制造与销售企业，其销售网络遍布全球。由于采购的原材料种类多，需要同时对接的供应商众多，造成订单处理周期长。同时，由于供应商交货、国际国内运输、仓储、清关、付汇等环节的不统一，致使到货时效低、结算烦琐、成本高，全程供应链难以掌控。随着上下游供应链的复杂程度不断加大，S 自身面临着供应链效率降低和响应速度变慢，生产计划难以预测等诸多挑战。

SJL 通过对 S 客户供应链体系进行深入调研、分析和论证，向 S 客户提供“采购执行+供应商管理库存+JIT”等创新供应链服务。SJL 为 S 客户整合了供应链各段的资源，做到前置运力规划，实时库存管理。同时，通过优化供应链的渠道和采购订单管理环节，改变仓运配的结构模式，大大提升了 S 客户供应链运作效率，大幅缩短了 S 客户的采购订单处理周期，减少了供应链的整体成本支出。

通过对供应链的整体优化，S 客户的成品库存也得到了大幅优化。以前 S 客户的物流流程是产品生产出来后运输到码头，各个事业部再根据需求下达运输订单配送到日本的各个销售网点；其弊端是整个供应链存在大量库存，整体订货交付时间很长。经过研究，SJL 通过实时数据分析结合系统流程优化，帮助 S 客户将能够分流的货物，在码头完成卸货后实时安排运输，送到最终销售网点，其余的留在码头附近仓库等待分拨。调整后，S 客户整体库存量大幅度下降，同时成品的订货交付效率提升了。

2. 赋能全球化供应链管理

随着产业链的全球化和网络化，一种产品从本地工厂生产，转移到海外多个工厂生产，并在全球范围多个国家进行采购，需要企业具有全球化供应链管理服务能力。从原材料的全球性采购，到在多个国家工厂生产直至成品的对外输出，供应链端到端的每一个环节都离不开全球网络资源的支撑和协同。网络的覆盖率不仅决定货量与收入，还对企业服务范围和时效有较大影响。对于S客户这样一个全球化企业而言，其供应链管理无疑必须是全球化的，企业除具备全球化的网络和资源外，还需要具备全球化的协同管理能力。

S客户采购的原材料有上百种，来自几十个国家，经常需要把这些原材料运输到日本去加工生产，再由日本输送到各终端消费环节，这一流程极为考验供应链的数字化管理能力，必须有数字化的全程供应链整合解决方案提供支持。

SJL在S客户全球化供应链管理中扮演着协调、统筹与运营的角色，对上参与S客户的供应链计划，协同供应链上下游参与者；对下组织各类资源，推进供应链各环节的高效运转。体现在物流服务上，则是整合各类物流服务提供者，统筹采购/入厂、场内、销售及售后物流的运营与管理。

准时达的科技供应链平台管理系统JusLink为SJL及其客户的系统化管理提供了有力支持。JusLink的强大功能之一，是其可以实现制造业供应链的可视化和实时协同。货主可以从专门网站查看全球包括原材料和成品的实时库存情况，并根据销售情况灵活进行库存管理与货物调配。很多传统物流企业截至今日仍在使用数十年前的系统，而SJL已经通过运用准时达的领先科技系统，为其客户提供差异化的物流供应链服务。

针对S客户供应商遍布全球各地、每日有大量进口业务需要通关作业、实时核对发货信息的境况，2019年6月，准时达运输协同项目在S客户正式上线，帮助S客户实现从采购到运输业务的流程优化、多角色在线协同、运费在线自动核算等，完成了供应链的数字化管理，对于S客户全球运输业务领域的降本增效具有里程碑意义。

上线仅一个月，准时达运输协同项目就快速实现了信息自动导入及系统自动核算，减少了多个业务操作流程的人工节点，效率得到大幅度提升。另外，不同角色在平台上的协同极大地加快了任务处理速度，同时重塑了作业流程标准，使全程高效透明。在线自动核算费用功能降低了 S 客户每月的人力成本。该项目的上线有效满足了 S 客户对每种产品成本的严格管理，能快速追踪到每个 SKU 的成本，不仅提升了全球运输作业效率，还实现了产品各项成本的强管控。

通过以上分析可以看出，供应链管理的本质是把为企业、为客户、为自身创造价值的各种业务活动进行集成，从而形成一条效益增值链。企业之间的关系已经突破企业的边界。在供应链协同模式下，上下游企业能够以更高效、更低成本、更高质量的方式共享信息，交换资源和优化上下游的生产调度，消除了传统供应链物流交割伴随的生产波动、时效低、资源不匹配等问题。

准时达包括 SJL 专注于制造业上游（从原材料到成品）及下游（从成品到终端消费者）的全程端到端供应链整合，通过与企业客户在供应链领域的深度融合，让供应链真正成为企业的核心竞争力，其模式与国家所提倡的制造业、物流业深度融合的精神不谋而合。

第二节　冷链物流供应链

一、冷链供应链发展

随着中国经济的快速发展和居民消费的不断升级，消费者对食品品质的关注度日益提高，对生鲜、果蔬等冷链商品的需求逐年增加。这就需要确保商品在生产、储存、运输等全环节保持低温状态，以保障商品的新鲜度和品质。因此，冷链物流的需求不断上升。根据中国商务部的数据，2019 年中国冷链物流市场规模已达 3000 亿元，其中食品冷链物流市场规模最大，占据了冷链市场总规模的 80%以上。此外，生物制药、电子、化工等行业冷链需求也在逐年增加。

消费升级促进了冷链物流服务的升级。消费升级意味着消费者对服务的品质要求在提高，冷链物流企业需要提高服务质量，提供更高效、更安全、更便捷的服务。例如，一些企业推出的冷链配送“一小时达”服务，改善了消费者的购物体验，提升了服务品质。

除了市场规模扩大之外，中国冷链供应链的技术和服务水平也在不断提高。越来越多的企业开始采用智能化、自动化冷链设备和信息化管理系统，以提高物流效率和降低成本。同时，一些行业内领先的冷链供应链企业积极向海外市场扩展业务，推动中国冷链供应链在全球的发展。

消费升级催生了冷链物流的数字化转型。数字化技术的应用能够提高供应链信息的透明度和可追溯性，增强消费者对商品的信任度。因此，冷链物流企业需要加强信息化建设，提高供应链的管理水平，满足消费者了解商品信息的需求。

二、冷链物流

冷链物流是指将需要低温或恒温保鲜的物品（如食品、药品、化妆品等），在运输、仓储和配送过程中保持其需要的低温或恒温条件，以保证物品的质量和安全。

优质的冷链物流能够为消费者带来以下好处。

保证物品的质量和安全。冷链物流可以让货物在适宜的温度和湿度下运输和储存，从而保证物品的质量和安全。特别是对于食品、药品等高温易变质品，冷链物流能够有效地延长其保质期，减少物品损失，提高消费者购买的信心和满意度。

提供更多的选择。冷链物流可以延长生产基地和消费市场之间的运输时长，从而使消费者可以选择更多来自不同产地的食品、水果和海鲜等，扩大了消费者的选择空间。

提升消费者对产品的信任度。通过对冷链物流的追踪和监管，消费者可以了解产品从生产到运输再到销售的全过程，从而提升消费者对产品质量的信任度，提高消费者的忠诚度和品牌认可度。

提高服务品质。冷链物流可以保证货物在整个运输过程中的品质和安全，有助于企业提高服务品质，增强企业竞争力和市场占有率，同时能够提高消费者的满意度和信任度。

随着消费升级，需要冷链运输的商品范围不断扩大、种类逐渐增多：食物和饮料、医药产品、需要一定温度的油漆产品和化学产品、花卉、对温度变化敏感的电子或电气部件等。冷链运输注定有很大的增长空间和潜力。冷链物流必备的冷链仓库如图 4-1 所示。

图 4-1　冷链仓库

资料来源：AI 生成。

三、冷链物流的运作要求

冷链物流是在运输、储存和分销对温度敏感的产品时，采用专门的设备和技术来控制温度、湿度、空气质量和其他环境参数的一种物流模式，冷链物流常需运用以下设备。

冷库和冷藏车。冷库和冷藏车是保持低温环境的基本设施。冷库可以根据需要调节温度，提供冷却、冷冻和深冷等多种温控模式。冷藏车通常用于短途运输，可以在车内保持恒定的低温环境。

温度记录仪。温度记录仪可以监测冷链物流运输过程中的温度变化，并将记录的温度数据传输到云端，以便于监控。

冷却设备和加热设备。冷却设备包括冷凝器、蒸发器、压缩机等，可以控制温度。加热设备则可以提高运输和储存环境的温度，以适应不同类型的产品需求。

空气净化设备。空气净化设备可以过滤空气中的污染物和微生物，确保储存和运输环境的卫生和安全。

包装材料。不同类型的温度敏感产品需要采用不同的包装材料，以保证产品运输过程中的产品质量和安全。常用的包装材料包括保温箱、保温袋、泡沫箱、冷藏包装等。

冷链物流的温度标准是根据不同类型的温度敏感产品和运输、储存环境的需求而设定。以下是常见的温度标准。

常温。通常指15~25℃的温度范围，适用于干货、饮料、化妆品等产品的储存和运输。

冷藏。通常指0~8℃的温度范围，适用于蔬菜、水果、肉类、奶制品等产品的储存和运输。

冷冻。通常指-18℃以下的温度范围，适用于海鲜、冷冻肉类、速冻食品等产品的储存和运输。

深冷。通常指-80℃以下的温度范围，适用于生物制品、疫苗、血液制品等温度高敏感产品的储存和运输。

除了以上温度标准外，还有一些特殊的温度要求，如超低温、低温、高温等。不同的产品和运输环境需求决定了不同的温度标准，以保证产品的质量和安全。同时，温度监测和记录是冷链物流的重要环节，要确保温度的准确控制和记录。

四、冷链物流的技术创新发展

冷链物流需要在运输过程中保持一定温度条件，技术创新对于冷链物流至关重要，以提高运输过程中冷链产品的质量、安全和效率。通过技术创新提供更高效和准确的温度监控设备和系统，确保温度在整个运输过程中得到准确控制。此外，技术创新可以提供更先进的数据管理，方便在整个运输过程中跟踪和监控各参数，并提供及时的警报，以便必要时采取行动。总之，技术创新对于冷链物流具有重要意义，可有效保障产品质量和安全、提高运输效率、降低成本和保护环境。

1. 仓库和配送中心操作自动化

仓储自动化可以为冷链物流创造很多价值，具体如下。

提高效率。通过自动化设备，如自动化存储和检索系统、自动化分拣系统等，可以大大提高冷链物流的操作效率、降低人工成本、减少出错率、缩短订单处理时间。

温度控制。在冷链物流中，保持物品的温度非常关键。仓储自动化系统可以确保货物的温度在整个运输和储存过程中得到控制，从而降低因温度波动而造成的损失和浪费。

提高安全性。仓储自动化系统可以确保货物在整个运输和储存过程中的安全。例如，自动化系统可以通过使用机器人等设备搬运货物，减少人员搬运所带来的风险。

2. 包装创新

冷链包装对于保持产品温度至关重要，即使是轻微的温度变化也会使易腐烂的产品变质。

创新的包装材料可以提高冷链物流的保鲜期、降低成本、提高可持续性和提高效率。具体如下。

延长保鲜期。创新的包装材料可以保持食品和药品的新鲜度和质量。例如，一些可降解的塑料膜可以减缓食品的氧化，从而延长其保质期。

降低成本。创新的包装材料可以减少冷链物流的运输和储存成本。例如，一些具有高保温性能的包装材料可以降低冷链物流中的控温成本，从而降低物流成本。

提高可持续性。创新的包装材料有助于冷链物流实现可持续性。例如，一些可降解的包装材料能减少环境污染，而可回收的包装材料可以重新使用，减少废弃物。

提高效率。创新的包装材料可以提高冷链物流的操作效率。例如，一些具有自动解冻功能的包装材料可以减少货物解冻的时间，从而缩短订单处理时间。

3. 物联网

物联网可以对冷链物流进行实时监测、数据采集和分析，提高效率和安全性。具体如下。

实时监测。物联网设备可以实时监测冷链物流中货物的温度、湿度、气体浓度等参数，可以帮助冷链物流企业及时发现和解决问题，如货物受热或气体泄漏等，从而减少货物损失和浪费。

数据采集和分析。物联网设备可以采集和分析大量数据，如货物运输历史、温度和湿度变化等，帮助冷链物流企业了解运输过程中的问题和风险，进而采取相应措施。

提高安全性。物联网设备可以提高冷链物流的安全性，如通过远程监控防止非法侵入和盗窃等安全问题。

五、蜀海供应链数字化创新历程

蜀海供应链前身是海底捞的供应链部门，经过业务战略转型于 2007 年起独立运作，并在 2014 年成立蜀海供应链，成为一家第三方食材供应链全托管服务商，为餐饮连锁企业及零售企业提供食材采购、仓储托管、金融服务、菜品定制化研发、信息服务等食材供应链解决方案。

目前，蜀海线上连接蔬菜供货商 20000 多家，服务 2000 多个品牌的 40000 多家门店。蜀海在全国已经布局 40 余个仓配物流中心及 9 个生产加工中心，总面积超 40 万平方米，并在全国配有超过 2000 辆冷链物流车。面对企业团餐和连锁快餐等场景，蜀海利用其中央厨房资源和产业供应商的协同能力，推出基于半成品的“前后双厨房”服务模式。

2018 年，基于云原生和 SaaS 微服务架构，蜀海正式组建了一支团队，从零代码开始自主研发符合冷链供应链管理需求的系统平台。通过系统的搭建，蜀海整合了从田间地头到连锁餐厅、门店的食材全流程服务，所有业务环节实现了线上连接，整个链条全部贯通，支撑连锁平台、终端零售、外卖、团餐等，整个供应链的效率大大提升。取消了过程中的纸质书面单据，信息传递效率进一步提高，助力客户有效降低运营成本。另外，依托该平台，实现了业务可视化、过程的透明化、食品质量安全的可追溯。

与市面上的 ERP 不同，蜀海百川 SaaS 平台，依照业务进行集成，以线上方式进行供应商管理，同时连接门店的需求端，以及后端的订单履约、冷链运输等过程。针对门店客户，蜀海百川 SaaS 平台置入人性化预警和提示，通过算法来支撑门店的智能补货。区别于传统 SRM，在供应商引入端将供应商全生命周期的管理与业务链条相融合，实现了门店即可进行样品审定、资质管理等。同时，系统按照 HACCP 质量标准对食材进行结构化标准管理，提升了质量管理人员的工作效率。所有环节基本不需要纸质文件，只需提供给客户和供应商一个 App，即可实现双方的合同签署、报价、线上对账。

传统的仓储管理由于跨系统数据的滞后，无法实时体现业务变更的补单、急单。相对，仓储管理系统 WMS 和整个订单中心互联，补单效率大大提升，且支持餐饮行业的一些特殊要求，如非标品、批次号追溯、一物一码等。仓库人员在数字终端即可完成各项作业。

在运输环节，司机端与承运中心互通，司机只要有管家 App 账号，承运商就可通过 App 管理司机和车辆，进行月度结算。通过引入智能算法，与百度地图、高德地图相结合，可实现预排单、预调拨。在食品溯源上，可追溯每种食材从种子到成品运输的全过程。

第三节　时尚业供应链

一、时尚业供应链的透明度

全球时尚行业从业人员超过 6000 万人，市场价值超过 2.5 万亿美元，但行业发展的可持续性是其面临的最大挑战。为了解决这个严峻的问题，越来越多的时尚行业企业需要出示可持续（Sustainability，永续经营或者可持续性发展能力）证明。这是一项艰巨的任务，因为时尚业的经营活动需要全球供应链的支撑，但时尚业供应链非常分散，且存在透明度和可追溯性方面的问题。

非营利组织“时尚革命”（Fashion Revolution）2022 年 7 月发布的年度时尚透明度指数报告（FTI）显示，时装品牌透明度改善有限，与上年相比平均仅提高了 1%。FTI 分析了 250 家全球最大的时尚品牌和零售商，以其年收入为基础，并重点关注它们在供应链透明度方面的承诺。根据这些时尚品牌和零售商披露的透明度系列指数，得分按从小到大按顺序排名，2022 年，排名前十的品牌包括 OVS、North Face、Timberland、Gucci 等，250 个品牌中有 73 个得分在 0~10%。

时尚革命联合创始人兼全球运营总监 Carry Somers 强调了披露品牌供应链相关信息的重要性。“2016 年，40 个主要品牌中仅有 5 个，即 12.5% 的品牌披露了其供应商。7 年后，250 个主要品牌中有 121 个，即 48%的品牌披露了其供应商。”她说，“这清楚地表明了指数在激励透明度方面的作用，也表明品牌在倾听大众的呼声。”顾客们要求品牌商告诉他们的衣服产自哪里。

该指数反映 28%的品牌披露了其产品循环处理的有关信息，只有 8% 的品牌披露了关于生产废料处理的信息。品牌仍然尝试通过创新和循环解决方案来隐藏其过度生产和浪费的情况。

透明度指数显示，主要品牌在工人工资、采购做法、废物量和碳排放等方面公开披露的信息仍然有限。

麦肯锡公司（McKinsey&Company）和时尚商业（Business of Fashion）发布的《2022 年时尚状况报告》（*State of Fashion report* 2022）显示，43% 的新生代表示，他们有意从那些具有较高声誉可持续发展的公司购买商品。披露供应链信息可以建立员工、环境倡导者以及投资者的信心。

二、时尚业供应链的复杂度

时尚业供应链非常复杂，涉及诸多环节和参与者，包括设计、原材料采购、加工、生产、质量控制、运输、仓储、销售和客户服务等。此外，由于时尚行业的特性，全球化、原材料多样化、长供应链、快速变化的时尚趋势、环保和可持续性要求等因素，对时尚业供应链的管理产生影响。

1. 全球化

全球化是加剧时尚业供应链复杂度的主要因素之一。随着全球化的发展，时尚品牌和零售商在全球范围内采购原材料、生产以及销售商品，使供应链具有跨国和跨文化性。

全球化要求时尚品牌学会协调和管理来自不同国家和地区的供应商和制造商，深入了解不同地区的文化、语言、法律、贸易政策和商业实践等，并制定适当的战略计划。

全球化还增加了时尚业供应链的物流运输成本。原材料和制成品从世界各地运输到生产基地和销售渠道，涉及海关、物流协调和物流管理等，增加了供应链的运营时间和成本。

全球化还使得时尚品牌必须考虑各种政治和经济风险。例如，政治不稳定、自然灾害和汇率波动等可能影响供应链的正常运作，需要采取措施来降低风险。

因此，时尚品牌必须采取措施来管理和控制全球化供应链的不确定性和风险。

2. 原材料的多样化

原材料的多样化是增加时尚业供应链复杂度的另一个重要因素。随着消费者对可持续性和环保的要求提高，时尚品牌开始使用各种新型和可再生材料，如有机棉、再生纤维和生物可降解塑料等，以替代传统的合成材料。材料的多样化增加了供应链的复杂度和管理难度，时尚品牌需要进行更多的研发和测试，以确保新型材料符合其质量标准和可持续性目标。同时需要时尚品牌持续找寻新的供应商，这需要花费更多的时间和精力。

此外，新型材料在生产和运输过程中可能面临技术和质量挑战。例如，生物可降解塑料可能在高温或高湿度环境下降解难度加大，再生纤维在处理过程中可能出现断裂或变形等，这些都需要时尚品牌和供应链合作方进行更多的努力，以确保生产过程的稳定和一致。

原材料的多样化导致时尚业供应链运营变得更加复杂和困难，需要时尚品牌通过技术创新和研发来应对，以确保供应链的可持续性。

3. 长供应链

长供应链也是时尚业供应链变得复杂的一个重要因素。时尚业供应链通常涉及多个参与方，包括原材料供应商、加工厂、生产商、批发商、零售商和物流服务提供商等，每个参与方都可能涉及多个环节和流程，如采购、加工、生产、包装、运输和销售等。长供应链带入了许多潜在的风险和挑战，包括生产过程中的质量控制、库存管理、物流协调和交付等难度增加。由于供应链的每个环节都可能涉及多个参与方和多个地点，时尚品牌需要对整个供应链进行协调和监控，以确保生产过程的高效和一致。

4. 快速变化的时尚趋势

快速变化的时尚趋势是增加时尚业供应链复杂度的一个重要原因。消费者的需求和偏好在不断变化，时尚品牌需要不断调整其生产计划和供应链策略，以适应市场需求。

这意味着时尚品牌商必须具备快速响应的能力，并且在短时间内调整其生产计划和供应链策略。这涉及多个方面，包括原材料的采购、生产计划的调整、生产线安排、物流服务的协调等。快速变化的时尚趋势可能导致产能过剩或不足的问题，如果时尚品牌无法准确预测市场需求，有可能出现库存积压或生产延误。

快速变化的时尚趋势还可能涉及新的材料和技术的使用。时尚品牌需要不断探索和创新，以满足消费者的需求，这意味着要不断尝试和使用新的材料和技术，以及优化供应商，这些都会增加供应链的复杂度。时尚品牌需要通过流程的创新和技术的应用，适应市场的快速变化，并确保供应链的高效和可持续性。

5. 环保和可持续性要求

环保和可持续性要求，是时尚业供应链面临的重大挑战。随着消费者对环境和企业社会责任的日益关注，时尚品牌不得不考虑供应链的环境和社会影响。为了满足环保和可持续性要求，时尚品牌必须考虑以下问题。

采用环保材料。时尚品牌应多使用环保材料，如有机棉、再生纤维、可降解塑料等，这些材料都需要经过精细处理。

减少排放。时尚品牌必须减少生产过程中的二氧化碳、废水和其他污染物的排放，这需要采用更高效的生产工艺和更清洁的能源。

社会责任。时尚品牌必须履行其社会责任，包括工作条件、工资待遇和劳动权利。这涉及更多的监管和审核机制，以确保供应链的合规性。

环保和可持续性要求会增加时尚品牌供应链的复杂度。时尚品牌必须综合考虑其生产过程的每个环节，并与供应商、制造商紧密合作。同时，时尚品牌还需要不断创新研究，提高其供应链的环保性和可持续性，以满足消费者的需求，履行其社会责任。

三、区块链对时尚业供应链透明度的价值

1. 奢侈品区块链平台 Aura

提高供应链透明度的方法之一是引入区块链。区块链是一种分布式数据库技术，可以提高时尚业供应链全产业链的透明度和可追溯性。通过将供应链信息记录在分布式账本上，可以确保供应链的信息完整、不可篡改，且可以公开验证。区块链技术可以追溯物料的来源，可以帮助消费者了解其购买物品的制造过程。通过区块链技术，时尚品牌可以建立更加透明、安全和可追溯的供应链，提升消费者对品牌的信任度和忠诚度；同时可以促进可持续发展和环境保护。

2019 年 5 月，LVMH 集团宣布推出首个奢侈品区块链平台 Aura，该平台为 LVMH 与微软、纽约区块链软件技术公司 ConsenSys 共同开发。“产品生命周期的每一步都会被记录下来，从而讲述一个新的、透明的故事。” LVMH 在公告中说。其中包括了商品最初在哪里被购买，何时被出售的信

息，便于消费者在代购等灰色市场交易中辨别真伪。LVMH 计划将区块链技术先用到旗下品牌 Louis Vuitton，以及 Dior 香水上。同时向所有奢侈品牌开放，不需要中介机构，并承诺对数据保密。

2. Arianee 数字护照

2018 年成立于巴黎的 Arianee 是一个基于区块链技术的数字身份验证平台，旨在为奢侈品和高端产品提供数字身份验证和跟踪服务。该平台利用区块链技术的去中心化、不可篡改和可追溯特性，为产品提供安全的身份验证和跟踪服务。Arianee 的数字身份验证平台可以为各种高端产品提供数字护照，如手表、珠宝、艺术品和酒类等（见图 4-2）。数字护照包含了产品的详细信息、制造商信息、购买日期、售后服务信息等，是完全数字化的、安全的和可随时更新的。

将产品数字护照信息存储在区块链上，Arianee 可以确保信息的真实性和安全性，且这些信息可以被所有参与方公平透明地访问和更新。Arianee 提供了一个基于区块链技术的市场，使得消费者可以安全地购买高端产品，并确保其真实性和价值。

图 4-2 通过区块链技术验证真伪

资料来源：百年灵 BREITLING 官网。

多家高端手表制造商，如江诗丹顿（Vacheron Constantin）、百年灵（Breitling）和奥德玛斯·皮格特（Audemars Piguet）等品牌，都开始尝试与 Arianee 进行合作。

3. OCTP 有机棉追踪性试验

Organic Cotton Traceability Pilot（OCTP），一个由 Fashion for Good，C&A Foundation 和 the Organic Cotton Accelerator 组织推动的项目，旨在通过使用区块链技术提高有机棉供应链的透明度和可追溯性。

该项目利用区块链技术的不可篡改性和透明性，实现了有机棉从种植到成品的全链条追溯。通过使用 RFID 技术和区块链技术，该项目可以跟踪有机棉生产过程中的每个环节，包括种植、采摘、加工、运输和销售。供应链中的每个参与者都可以在区块链上上传信息，并随时查看供应链的整体情况。

该项目的目的是帮助有机棉种植者和供应商获得更好的市场认可和回报，同时帮助消费者更好地了解有机棉的来源和质量。该项目还促进了供应链的透明度和可持续性，推动了纺织品行业的可持续发展。

第四节　汽车供应链

一、汽车供应链市场的发展

汽车供应链的发展历史可以追溯至 20 世纪初。在这一时期，福特汽车公司采用了著名的“流水线生产”模式（见图 4-3），这种生产模式将汽车制造过程分为不同阶段，并使每个工人专注于特定的任务。这种模式大大提高了生产效率和速度，同时降低了成本。

20 世纪中叶，汽车制造商开始利用供应商为其提供零部件和材料，汽车制造商可以专注于核心业务，同时降低了成本。汽车制造商选择更专业、更有效率、更有创造力的供应商，以获得更高的质量和效率。

图 4-3 全自动汽车工厂

资料来源：AI 生成。

随着经济全球化，汽车供应链变得更加复杂，汽车制造商开始从全球不同地区购买材料和零部件。同时，企业开始探索数字技术来管理供应链，如物联网、人工智能和区块链等。

今天，汽车供应链已成为一个复杂的全球化系统，涉及原材料和零部件的采购、产品的制造、配送和售后服务等过程。汽车制造商高度依赖供应商，同时必须监控整个供应链，以确保产品的质量、安全和交付。未来，随着新技术和新工艺的不断涌现，汽车供应链将继续演变，以适应市场和消费者的需求。

汽车供应链市场规模巨大，并随着汽车产量的增加而不断扩大。据市场研究公司 Grand View Research 的报告，全球汽车物流市场规模在 2019 年达到 1418 亿美元，并预计 2020—2027 年将以 5.8%的复合年增长率增长，并将受到数字化、自动驾驶和物联网等新技术的推动。同时，全球汽车产量的增加将推动汽车供应链市场的扩大。按照区域划分，亚太地区是全球最大的汽车供应链市场，其市场份额在 2019 年超过了 35%，其次是欧洲和北美。

二、汽车供应链特点

1. 零组件 SKU 管理

汽车供应链中存在大量零部件，增加了其复杂性。每辆汽车通常由数千个零部件组成，这些部件来自全球各地的供应商。这些供应商需要在正确的时间和地点将零部件交付到汽车制造商的工厂，以确保生产计划的顺利进行。这需要精准的预测和协调，以确保每个零部件都在需要时及时到位。此外，汽车零部件数量庞大，需要占用成千上万个库存位置。因此，汽车供应链需要采用高度复杂的协调和管理模式，以确保零部件供应充足，并保证生产的效率和产品的质量。

2. 准时制造（JIT）

JIT（Just In Time）是汽车行业最常用的生产管理方法，旨在通过及时接收所需的物料和零部件，最大限度地减少库存和浪费。JIT 模式在汽车制造业中得以广泛应用，旨在最大程度地减少物料和零部件库存，并将生产周期缩至最短。在 JIT 模式下，生产计划以客户订单为基础，零部件只在生产需要时进行交接。这种方式有助于减少库存和降低成本，同时可以提高生产效率和产品质量。采用 JIT 模式的汽车制造商通常会与供应商建立紧密的合作关系，以确保物料和零部件按时交接，并最大限度地减少库存。JIT 模式需要对供应链进行管理和协调，以确保所有组件准确无误地到位，并在需要时可立即使用。

3. 多层次供应体系

汽车供应链中，通常存在多层次供应体系，这是由于汽车制造涉及众多零部件和原材料，而这些零部件和原材料通常由不同的供应商提供。以一辆汽车为例，其零部件高达数千个，而其中的每一个零部件可能是由数十家甚至上百家供应商提供。

这种多层次供应体系给汽车供应链管理带来了巨大挑战，汽车制造商需要保证每一个供应商的交货时间和质量都符合要求，同时需要充分协调各个供应商之间的关系，确保整个供应链的高效运转。另外，由于每个供应商的生产能力和交货时间不同，为最大限度地减少库存和浪费，需要进行精细统筹需求计划和物流调度。总的来说，汽车产业的多层次供应体系增加了供应链管理的难度。

4. 质量召回

质量召回，是指汽车制造商发现汽车存在质量问题，需要召回车辆进行修复或替换缺陷部件。质量召回是汽车行业不可避免的问题，因为汽车生产涉及数千种零部件和复杂的供应链网络。在汽车供应链中，质量召回涉及多个层面的供应商。一般来说，汽车制造商会在供应链中建立完整的跟踪系统，跟踪每个部件的来源，以便在必要时进行追溯。当发生质量问题时，制造商需要确定是哪个供应商的部件存在问题，并确保整个供应链中的所有相关部件都得到检查和替换。

质量召回会对供应链造成较大影响，制造商需要立即采取措施来处理问题，以避免安全隐患和声誉损失。同时，供应商需要参与解决问题，包括替换或修复召回的部件，以确保问题得到解决并避免类似问题的再次发生。

汽车供应链中的质量召回是一个需要各方合作和协调的复杂过程，通常涉及多个供应商。制造商需要建立完善的跟踪系统来追溯每个部件的来源，并与供应商密切合作。

三、汽车供应链发展趋势和重要影响

1. 自动驾驶

自动驾驶对汽车供应链产生了多方面影响。首先，自动驾驶需要大量的传感器和软件，这对电子元件和计算机技术提出了更高的要求。其次，自动驾驶需要高度准确的地图和定位，这对定位的准确性提出了更高的要求。最后，自动驾驶需要各种类型的高级传感器，如激光雷达和相机，这对传感器技术和光学元件提出了更高要求。

除了这些硬件和技术方面的影响，自动驾驶正对汽车的生产和组装提出了新的要求。自动驾驶提出了更高的精度和质量要求，意味着生产线和供应链的每个环节都需精准控制。此外，自动驾驶对汽车的生产和制造工艺提出了更高的要求。

总的来说，自动驾驶对汽车供应链提出了更高要求，需要更高水平的技术、生产和供应链管理。同时，自动驾驶为汽车供应链带来了机遇，如开发更智能的生产和供应链管理系统，提高供应链的效率和透明度、减少生产和物流成本。

2. 电动汽车

电动汽车作为汽车行业发展的新趋向，正在改变整个汽车供应链的格局。

需求变化。电动汽车需求正在快速增加，这导致汽车制造商和供应商需要重新调整其生产和供应链策略，以满足这种需求。例如，电动汽车需要电池和电动驱动系统，供应商必须改变其生产和供应链以适应这种变化。

供应链结构变化。传统的供应链集中在发动机和传动系统等核心零部件的制造上，而电动车需要更多的电池、电机、电子控制器等电动部件，这使得汽车制造商需要与更多的供应商合作，获取更多的技术支持以满足这些新需求。

生产线重构。与传统汽车不同，电动汽车的生产更需要自动化和智能化，汽车制造商需要对其生产线进行升级和改造，以满足电动汽车生产的需要。

新兴技术发展。电动汽车发展促进了一系列新技术的运用，如智能充电、无线充电、高效电池等，这需要供应商和制造商加强合作，以实现更高效的供应和生产。

电动汽车的出现正改变着整个汽车供应链的格局，汽车制造商和供应商需要适应这种变化，以确保在新兴市场中保持竞争优势。

3. 全球化影响

全球化对汽车供应链产生了深远影响。汽车制造商从世界各地采购零部件和原材料，以追求更好的质量、更低的成本和更多的选择。然而，全球化也给汽车供应链带来了许多挑战。

随着汽车供应链快速全球化，供应链的复杂度也快速加深，汽车制造商需要协调和管理来自多个国家的供应商，处理跨国货运和海关事务，并确保符合各个国家的法规和标准。这需要强大的物流协调能力，否则会致供应链中断、生产停滞和成本增加。

全球化也增加了供应链的风险。政治和经济变化、自然灾害、恐怖主义和其他因素，会影响供应链的稳定性和可靠性，导致零部件短缺、生产停滞和产品质量问题。

全球化还使人们更关注企业对环境、社会的责任。消费者越来越关注汽车制造商的可持续性发展和社会责任的履行，要求其更环保、更社会化、更透明。这些要求给汽车制造商带来了新的挑战，需要其在全球范围内协调和管理复杂的供应链，并确保符合各个国家的法规和标准。

全球化对汽车供应链的影响是深远的，需要汽车制造商采取有效的管理措施以确保供应链的可靠性、稳定性和可持续性。

4. 自动化的影响

自动化对汽车供应链产生了巨大影响，改变了供应链诸多流程和环节的操作方式，提高了生产效率，减少了人为错误和成本，提高了安全性和产品质量。

自动化生产线可以减少人为错误和生产成本，提高生产效率。自动化生产线在不需要人力干预的情况下，以更快的速度生产零部件和汽车，不仅可以节约时间和成本，还可以提高质量。

自动化技术可以提高生产安全性。汽车制造需要大量的重型机器和工具，这些设备可能会给操作人员带来风险。自动化技术可以降低这些风险，且可以在需要的时候对其进行监控和维护。

自动化技术还可以优化供应链的其他环节。例如，自动化库存管理系统可以提高库存管理水平、减少库存，自动化物流系统可以优化运输路径和减少货物损失。

总的来说，自动化技术对汽车供应链产生了积极影响，使生产过程更加高效、安全和可靠，提高了产品质量、降低了成本。

四、汽车供应链管理方案

汽车供应链是一个复杂的网络，包括零部件生产商、装配厂、经销商、批发商、零售商等不同类型企业。为了顺畅流程、降低成本、提高效率，汽车供应链需采用科学的供应链管理方案。以下是几个重要的供应链方案。

物流和运输管理。汽车供应链需要处理大量的物流和运输问题，因此需要实施物流和运输管理解决方案，包括优化路线和运输模式、跟踪货运、提高协作、降低运输成本等。

供应链可视化。通过供应链可视化技术，汽车供应链可以获得实时的数据和分析，帮助管理层更好地掌握供应链状况、优化生产流程，以便更快速地做出决策。

精益生产。精益生产是一种重要的供应链解决方案，可以消除浪费、减少库存、优化生产过程、提高生产线速度，从而降低生产成本和提高效率。

供应链协同。供应链协同可以帮助供应链成员更好地合作，提高生产和交付效率。供应链协同可以提高计划执行的准确性，减少库存，优化成本结构。

可追溯性。汽车供应链必须确保每个组件和产品具有可追溯性，以便在出现问题时可以追溯。通过使用标准化的标签和条码等技术，汽车供应链可以跟踪产品和组件的来源、制造日期、质量检验记录等信息。

这些供应链管理方案可以帮助汽车制造商更好地管理和控制生产过程，从而提高效率、降低成本、增加盈利。

五、案例分享：智能供应链解决方案优化全球供应链管理

Dana 是一家全球领先的高精密传动系统、密封和热管理技术提供商，致力于提高车辆的效率和性能。其服务范围涵盖乘用车、商用卡车和非公路设备等三个主要市场，为全球原始设备制造商和售后市场提供本地化的产品和服务支持。该公司在全球六大洲的 25 个国家，拥有约 23000 名员工。

Dana 曾疲于应对全球高库存水平导致的成本增加和关键零件库存不足问题。该公司在某些地区遭遇库存过剩，而在其他地区则存在库存不足的情况，导致供应链成本上升。此外，有时为了弥补库存短缺而不得不采用昂贵的运输方案，导致运输成本上升。为应对这些挑战，Dana 努力寻求解决方案。

除此之外，该公司还想解决以下重要问题。

历史 ERP 系统整合——公司有多达 51 个 ERP 系统，Dana 需要一个能够整合老旧系统的解决方案，并为组件和原材料提供标准。

非 EDI（电子数据交换）供应商合作——Dana 有很多使用非 EDI 的供应商，该公司必须持续与这些公司进行业务往来。

信息交付周期长——Dana 每周向供应商发送各种信息，但随着供应链

的深入发展，该企业需要一种实时向所有供应商提供信息的方法。

供应商交付绩效——Dana 现有的信息系统无法准确跟踪供应商的交付绩效。该企业需要一种一致而准确的方法，来衡量和记录供应商的交付表现。

Dana 通过大量评估，选择使用 OneNetwork 的 Intelligent Supply 智能供应链解决方案来管理其全球供应链。该解决方案的独特之处在于，它支持多方、多层次的可见性和协作。该智能解决方案提供以下功能。

需求整合管理和预测。自动从 Dana 的多个 ERP 系统获取需求信息并且进行汇总，为预测需求和实际需求创建预测订单和订单。

全球需求/供应的可见性。Dana 公司的供应链管理人员可以实时查看全球客户的需求和供应商的物料可用性，该系统整合了多层次供应网络，实现供应商库存的可视化。这个多层次解决方案可进行跨越多个层次和多个参与方的全球供需匹配，为所有人提供了可见性和可操作性平台。

多层次供应商协作。Dana 供应链管理人员能够与多层次的供应商协作处理订单，并快速解决问题。

多层次补货计划。根据最终客户需求数据和补货政策，为每个仓储中心自动安排补货计划。

通过实施该方案，Dana 全球供应链运营水平上取得了巨大提升，具体如下。

全球库存平均减少 31%。

多层网络的真正可视化，可实时查看全球数千种产品、数十家工厂、数百家供应商和数百名规划人员的库存。

与企业的多个内部系统实现集成同步。

大幅减少成品/原材料的缺货情况。

提高准时交付率。

结　语

科技的创新发展对物流供应链产生了巨大影响，从物流运输、仓储管理到交付配送等各个环节，新科技的应用大大提高了物流供应链的效率、可靠性和透明度。同时，科技的不断发展为物流供应链带来了更广阔的发展前景。

未来，物流供应链将迎来更多的机遇和挑战。例如，随着自动驾驶技术的日益成熟，自动化物流配送将成为可能；而无人机和机器人的应用将进一步提高物流供应链的效率和灵活性。此外，随着 5G 技术的普及、物联网技术的发展，物流供应链的智能化和数字化水平将进一步提高。

随着新技术的不断运用，物流供应链的运营效率将不断提高，同时成本会大幅度下降，可更好地服务于人们的生产生活。科技已经对全球供应链产生了深远影响，并将为物流供应链带来更灿烂的未来。